ROMANTISCHER RHEIN
BINGEN — BONN

Lieblingsplätze

ROMANTISCHER RHEIN
BINGEN — BONN

ANKE D. MÜLLER

Autor und Verlag haben alle Informationen geprüft. Gleichwohl wissen wir, dass sich Gegebenheiten im Verlauf der Zeit ändern, daher erfolgen alle Angaben ohne Gewähr. Sollten Sie Feedback haben, bitte schreiben Sie uns! Über Ihre Rückmeldung zum Buch freuen sich Autor und Verlag: lieblingsplaetze@gmeiner-verlag.de

Besuchen Sie uns im Internet:
www.gmeiner-verlag.de

1. Auflage 2020
© 2020 – Gmeiner-Verlag GmbH
Im Ehnried 5, 88605 Meßkirch
Telefon 07575/2095-0
info@gmeiner-verlag.de
Alle Rechte vorbehalten

Lektorat/Redaktion: Katja Ernst
Herstellung: Julia Franze
Umschlaggestaltung: Benjamin Arnold
unter Verwendung der Illustrationen von © Benjamin Arnold; © ratkom – stock.adobe.com; © Wilm Ihlenfeld – stock.adobe.com; © SimpLine – stock.adobe.com; © FUGE Freiburg – stock.adobe.com; © pandavector – stock.adobe.com; © Katrin Lahmer
Kartendesign: © Maps4News.com/HERE
Druck: AZ Druck und Datentechnik GmbH, Kempten
Printed in Germany
ISBN 978-3-8392-2405-2

Vorwort • Liebeserklärung an ein besonderes Tal
Der Rheinromantik auf der Spur — 10

1. **Bingen** • Hildegarten am Museum am Strom
   Pittoreske Grünanlage am Rhein — 15
2. **Bingen** • Binger Loch
   Sinnbild für Schiffbarmachung — 17
3. **Bingen** • Alter Rheinkran
   Hebewerk mit Denkmalstatus — 19
4. **Rüdesheim-Eibingen** • Abtei Sankt Hildegard
   In der Tradition einer Heiligen — 21
5. **Rüdesheim** • Ostein'scher Park
   Rund um den Niederwald — 23
6. **Ockenheim** • Kloster Jakobsberg
   Ein gastfreundlicher Ort — 25
7. **Trechtingshausen** • Burg Rheinstein
   Romantisches Kleinod — 27
8. **Niederheimbach** • Burg Sooneck
   Kultur neben Industrie — 29
9. **Lorch** • Hauptstadt des *Freistaat Flaschenhals*
   Kurioser Mikrostaat — 31
10. **Kaub** • Burg Pfalzgrafenstein
    Zollstation im Wilden Gefähr — 33
11. **Kaub** • Blüchermuseum
    Gedenkstätte für einen General — 35
12. **Bacharach** • Jugendherberge Burg Stahleck
    Übernachten in altem Gemäuer — 37
13. **Bacharach** • Weinstube Zum grünen Baum
    Rund 270 Jahre in Familienbesitz — 39
14. **Bacharach** • Historisches Gasthaus Kurpfälzische Münze
    Wichtige Prägestätte — 41
15. **Oberwesel** • Minoritenkloster
    Wohnen in sakraler Umgebung — 43
16. **Bornich** • Ferienhaus Odins Mühle
    Zu Besuch bei 40 Eseln — 45
17. **St. Goarshausen** • Loreleyfelsen
    Unglückbringende Dame — 47
18. **Bornich** • Loreley-Freilichtbühne
    Eine einmalige Atmosphäre — 49

19	**St. Goar** • Burg Rheinfels mit Romantikhotel	
	Mächtige Festung in Toplage	51
20	**Urbar** • Café & Restaurant Loreleyblick Maria Ruh	
	Ausflugslokal am Waldesrand 🍴	53
21	**Boppard** • Thonet-Dauerausstellung in der Kurfürstlichen Burg	
	Pionier aus dem Rheintal	55
22	**Boppard** • Marienberger Park	
	Ein wiederentdecktes Kleinod	57
23	**Boppard** • Restaurant Gedeonseck	
	Rundumsicht der Extraklasse	59
24	**Boppard** • Gartencafé und -restaurant Le Jardin	
	Romantischer Ort für eine Pause	61
25	**Emmelshausen** • Hunsrückbahn-Museum	
	Historische Erinnerungsstücke	63
26	**Boppard-Hirzenach** • Propsteigarten	
	Blumen, Bäume und Barockbauten	65
27	**Osterspai** • Enges Thürchen	
	Schön für Mensch und Tier	67
28	**Braubach** • Marksburg	
	Gut gesichertes Bollwerk	69
29	**Rhens** • Königsstuhl	
	Wo Regenten gewählt wurden	71
30	**Lahnstein** • Ruppertsklamm	
	Wildromantisches Abenteuer 👪	73
31	**Koblenz-Stolzenfels** • Schloss Stolzenfels	
	Sommerschloss eines Kronprinzen	75
32	**Koblenz-Karthause** • Pfarrkirche Sankt Beatus	
	Gotteshaus im Pferdestall	77
33	**Koblenz-Karthause** • Historische Anlage Fort Konstantin	
	Teil eines Verteidigungswalls	79
34	**Koblenz-Metternich** • Metternicher Eule	
	Friedensdenkmal mit Weitblick	81
35	**Koblenz-Altstadt** • Basilika Sankt Kastor	
	Wo Weltgeschichte geschrieben wurde	83
36	**Koblenz-Ehrenbreitstein** • Rhein-Museum	
	Der Fluss in seiner Vielfalt	85
37	**Koblenz-Ehrenbreitstein** • Festung Ehrenbreitstein	
	Kunst und Kultur statt Kanonen 👪	87

38	**Metternich** • Evangelische Kirche Koblenz-Metternich	
	Ein Gotteshaus für Ziegler	89
39	**Koblenz-Horchheim** • Ehemaliger Standortübungsplatz Koblenz-Schmidtenhöhe	
	Heim für Fauna und Flora	91
40	**Bendorf-Sayn** • Kletterwald Sayn	
	Erinnerung an Tarzan und Jane	93
41	**Bendorf-Sayn** • Garten der Schmetterlinge	
	Fürstliches Heim	95
42	**Bendorf-Sayn** • Sayner Hütte	
	Symbol der Frühindustrie	97
43	**Neuwied-Engers** • Silbersee	
	Ökologische Künstleroase	99
44	**Neuwied** • Kirche der Herrnhuter Brüdergemeine	
	Gemeinschaft statt Prunk	101
45	**Neuwied** • Abtei Rommersdorf	
	Außergewöhnliches Kulturdenkmal	103
46	**Neuwied** • Archäologisches Museum	
	Wie wir wurden, was wir sind	105
47	**Andernach** • Essbare Stadt Andernach	
	Eine nachhaltige Idee	107
48	**Andernach** • Kaltwassergeysir	
	Physik ganz anschaulich	109
49	**Leutesdorf** • Lokal Brombeerschenke	
	Blick auf das Neuwieder Becken	111
50	**Brohl-Lützing** • Vulkan-Expreß nach Engeln	
	Ausflug auf die Eifelhöhen	113
51	**Rheinbrohl** • Limeswachturm	
	Antikes Mammutbauwerk	115
52	**Bad Hönningen** • Kristall Rheinpark-Therme	
	Gesundheit und Wohlbefinden	117
53	**Sinzig** • Ahrmündung	
	Eine andere Welt	119
54	**Erpel** • Neutor an der Kölner Straße	
	Historischer Ortszugang	121
55	**Erpel** • Erpeler Ley	
	Historischer Ort mit Fernsicht	123
56	**Unkel** • Pax-Gästehaus	
	Frühstück mit Rheinblick	125

57	**Unkel** • Willy-Brandt-Forum	
	Museum für einen Altkanzler	127
58	**Unkel** • Rheinpromenade mit Gefängnisturm	
	Entspannung am großen Strom	129
59	**Unkel** • Freiligrathhaus	
	Demokrat auf Durchreise	131
60	**Remagen-Kripp** • Bio-Restaurant und Weinkontor Diedenhofen	
	Genuss für alle Sinne 🍴	133
61	**Remagen-Rolandseck** • Arp Museum Bahnhof Rolandseck	
	Kunstgenuss und Gaumenfreuden 🍴	135
62	**Remagen-Rolandswerth** • Geheime Gärten Rolandswerth	
	Quelle der Inspiration	137
63	**Bad Honnef** • Insel Grafenwerth	
	Oase der Glückseligen 👪	139
64	**Bad Honnef-Rhöndorf** • Adenauerhaus	
	Heim des ersten Kanzlers	141
65	**Bad Honnef-Rhöndorf** • Café, Konditorei, Bäckerei Profittlich	
	Traditionshaus am Drachenfels	143
66	**Bad Honnef-Rhöndorf** • Marienkapelle	
	Markanter Wegweiser	145
67	**Bad Honnef** • Siebengebirgsmuseum	
	Lieblingsplatz im Wald 👪	147
68	**Königswinter-Niederdollendorf** • Ruine Löwenburg	
	Kulturgeschichte der Region	149
69	**Königswinter-Margarethenhöhe** • Forsthaus Lohrberg	
	Ein Gebäude für den Naturschutz	151
70	**Königswinter** • Biergarten Petersberg	
	Vielfältiges Angebot 🍴	153
71	**Königswinter** • Kloster Heisterbach	
	Ruine in romantischer Kulisse	155
72	**Königswinter-Oberdollendorf** • Bungertshof	
	Anwesen mit Fachwerkcharme	157
73	**Bonn-Bad Godesberg** • Bastei	
	Charmantes Stationshäuschen 🍴	159
74	**Bonn-Gronau** • Bundeskunsthalle	
	Inspiration auf verschiedenen Ebenen	161
75	**Bonn-Venusberg** • Wildpark Venusberg	
	Erlebnisraum Natur 👪	163

76	**Bonn-Venusberg** • Café Mauel 1883	
	Charmanter Rundbau	165
77	**Bonn-Endenich** • Heilige Stiege	
	Nachbau der Scala Sancta in Rom	167
78	**Bonn-Gronau** • Kanzlerbungalow	
	Wohnzimmer der Mächtigen	169
79	**Bonn-Gronau** • Kiosk Bundesbüdchen	
	Treffpunkt der Politprominenz	171
80	**Bonn-Gronau** • Neue Synagoge	
	Gotteshaus der 1950er-Jahre	173
81	**Bonn-Poppelsdorf** • Botanischer Garten am Poppelsdorfer Schloss	
	Erhalt der Artenvielfalt	175
82	**Bonn-Mitte** • Romanischer Kreuzgang des Bonner Münsters	
	Wohltat für Augen und Ohren	177
83	**Bonn-Beuel** • Kennedybrücke mit Brückenmännchen	
	Typisch rheinische Anekdote	179
84	**Bonn-Nordstadt** • August Macke Haus	
	Gedenkstätte für einen Künstler	181
85	**Bonn-Beuel** • Heimatmuseum Beuel	
	Kleinod in der Stadt	183
86	**Bonn-Schwarzrheindorf** • Doppelkirche Sankt Maria und Sankt Clemens	
	Romanisches Kleinod	185
87	**Troisdorf** • Burg Wissem	
	Einzigartiges Bilderbuchmuseum	187
88	**Troisdorf-Bergheim** • Siegaue mit Siegfähre	
	Idyll mit hohem Freizeitwert	189
	Danksagung	190
	Bildnachweis	191

DER RHEINROMANTIK AUF DER SPUR
Liebeserklärung an ein besonderes Tal

Liebe Leserinnen und Leser,

das Mittelrheintal ist eines der beliebtesten Reiseziele Deutschlands. Es ist Teil des Rheinischen Schiefergebirges, das sich über Nordrhein-Westfalen, Rheinland-Pfalz und Hessen bis Luxemburg und Belgien erstreckt. Im Westen gelten die Ardennen als Grenze; im Süden die Ausläufer des Pariser Beckens. Vor Millionen von Jahren floss der Rhein in diesem Gelände durch ein breites Tal, doch mit der Entstehung des Mittelgebirges musste sich der Fluss seinen Weg bahnen. Längst teilt er die riesige Fläche in einen linksrheinischen und einen rechtsrheinischen Bereich.

Von dem Quellgebiet in der Schweiz bis zur Mündung in die Nordsee fließt der Rhein durch sechs Länder; der flächenmäßig größte Teil liegt in Deutschland. Eine bedeutende Rolle spielte er in den Grenzauseinandersetzungen zwischen Deutschland und Frankreich, Dichter beider Nationen trugen einen »Wettkampf« aus, zu welchem Land er gehörte. Nach dem Deutsch-Französischen Krieg von 1870/71, proklamierten ihn die Deutschen endgültig zu »ihrem« Strom.

Das Mittelrheintal wird durch seine Nebenflüsse Nahe in Bingen und Sieg nördlich von Bonn definiert. Die Region von Bingen bis Koblenz gehört seit 2002 zum UNESCO-Welterbe und zeichnet sich durch eine Fülle an kulturellen Zeugnissen aus, wobei insbesondere die zahlreichen Burgen zu nennen sind. Rechtsrheinisch erstreckt sich vom Süden Bonns (Ennert) bis Bad Honnef das Siebengebirge. Das gesamte Mittelrheintal kann auf Wanderwegen zu beiden Seiten des Flusses erkundet werden, auf dem Wasser- sowie dem Rheinradweg. Weinfeste und Großfeuerwerke sind beliebte Veranstaltungen.

Funde weisen darauf hin, dass das Tal seit rund 30.000 Jahren dauerhaft besiedelt ist. Nachhaltig geprägt wurde es durch die Epoche der Romantik im 19. Jahrhundert. Die Landschaft mit den (anfangs nicht wiederaufgebauten) Burgruinen, dem zerklüfteten Gebirge und dem noch unbegradigten Fluss mit seinen Felsen, die in den Rhein hineinragten und die Schiffspassage erschwerten, inspirierte die Dichter und Maler jener Ära. Schauriges, Gefühlvolles und Abenteuerliches fand sich in der unverfälschten und ursprünglichen Natur, was einen Gegenpol zur Industrialisierung bildete. Mit ihren Werken lösten die Künstler einen Reiseboom bei Bürgertum und Adel aus, der durch die Infrastruktur begünstigt wurde: Dampfschifffahrt, Eisenbahn und Nobelhotels boten standesgemäßen Komfort. Maßgeblichen Anteil an der Entwicklung hatte Verleger Karl Baedeker 1835 seiner Neuauflage des ersten Rheinreiseführers.

Das Baden im Rhein ist, abseits der DLRG-Großveranstaltungen *Rheinschwimmen,* übrigens sehr riskant. Bis in die 1920er-Jahre existierten zahlreiche Flussbäder – also vor den Ausbaumaßnahmen, welche die Schiffspassage vereinfachten, den Strom aber zu gefährlich für Schwimmer machten. Längst ist der Rhein eine der wichtigsten Wasserstraßen Europas, die großen, schweren Schiffe verstärken seine ohnehin starken Strömungen.

In diesem Buch finden Sie Ideen für landschaftlich und kulturell besonders reizvolle Ausflüge. Sie können einzigartige Burgen und Festungsanlagen erkunden, mit dem Zug die höchste Steilstrecke Deutschlands entlangfahren, durch eine »alpine« Klamm wandern, sich in einem Kletterwald austoben, in einer Therme entspannen sowie in stimmungsvollen Biergärten und Restaurants einkehren. Sie lernen die eine oder andere regionaltypische Anekdote kennen – und vieles mehr. Orte, die sich besonders für Kinder eignen, sind entsprechend gekennzeichnet.

Mit der Auswahl möchte ich einen Einblick in die Vielfalt der Region geben. Dabei orientiere ich mich an den erwähnten Nebenflüssen Nahe und Sieg, die für mich das Gebiet *Romantischer Rhein* markieren, welches offiziell nicht definiert ist. Die gleichnamige Tourismusorganisation ist für den Bereich von Bingen bis Remagen-Rolandswerth zuständig; Bonn versteht sich als Tor zum Romantischen Rhein.

Die Gegend bietet vieles, was sich zu erleben lohnt: Lassen Sie sich den Fahrtwind auf Schiffsausflügen und Fährüberfahrten um die Nase wehen. Radeln Sie am Rhein entlang, genießen Sie auf Wanderungen fantastische Ausblicke und feiern Sie mit den Menschen. Anlässe gibt es genug, denn die Einwohner dieses Landstrichs genießen das Leben, und das nicht nur zu Karneval. Begeben Sie sich auf Entdeckungsreise oder werfen Sie einen neuen Blick auf die Region, in der Sie leben.

Eine gute Zeit wünscht Ihnen

Anke D. Müller

1

Hildegarten
Museumstraße 3
55411 Bingen
06721 184353 (Museum am Strom)

PITTORESKE GRÜNANLAGE AM RHEIN
Hildegarten am Museum am Strom

Zwischen Rhein und Nahe soll Hildegard von Bingen an zahlreichen Orten gelebt haben – was sich nicht in jedem Fall belegen lässt. Als ich anfing, mich mit dieser Persönlichkeit zu beschäftigen, fand ich das verwirrend. In Bingen, wo sie ihr erstes Kloster gründete, sind ihre Lebensorte nur noch auf den zweiten Blick zu erkennen. Besagtes Kloster auf dem Rupertsberg wurde während des 30-jährigen Krieges zerstört; die Ruinen beim Bau der Nahe-Bahnlinie im Jahr 1857 gesprengt. Erlebbar werden die Orte ihres Wirkens auf dem Hildegardweg. Er beginnt am Hildegarten, der zum Museum am Strom gehört und zu dessen Öffnungszeiten begehbar ist.

Der Hildegarten ist ein friedlicher Ort. Auf einer rechteckigen Fläche, die von Hainbuchenhecken begrenzt ist, wachsen in 15 Themen- und acht Einzelbeeten Kräuter und Sträucher, deren Heilwirkung auf den Menschen die Heilige in *Physica* um 1155 beschrieben haben soll. Damit griff sie auf Traditionen zurück: Klöster fühlten sich seit jeher der Krankenpflege verpflichtet; in ihren Gärten wuchsen neben Obst und Gemüse auch Heilkräuter. Ein Bezug zu mittelalterlichen Klostergärten wird in Bingen mit der parallelen und rechtwinkligen Anordnung der Beete jedoch vermieden, weil es keinen historischen Hildegarten gab. Beim Betreten der Anlage sieht man eine Skulptur, die an eine Murmelbahn erinnert: Der Quellenbrunnen verweist darauf, dass der Originaltext der Physica nicht überliefert ist. Von Hildegards naturkundlichem Werk sind nur hoch- und spätmittelalterliche Abschriften erhalten. Diese kritische Auseinandersetzung ist auch charakteristisch für die Dauerausstellung im Museum selbst, die Hildegards Leben und Wirken auf Schautafeln skizziert: Besucher können den aktuellen Stand der Forschung nachvollziehen und Vermutungen als solche erkennen.

Das Binger Kulturufer, zu dem das Museum am Strom gehört, bietet viele Attraktionen für alle Altersstufen, darunter ein Spielschiff für Kinder und einen Skatepark für Jugendliche.

2

Das **Binger Loch** befindet sich an Rheinkilometer 530,8, also ungefähr in Höhe von Mäuseturm und Burg Ehrenfels.

Touristeninformation
Rheinkai 21
55411 Bingen am Rhein
06721 184205
www.bingen.de

SINNBILD FÜR SCHIFFBARMACHUNG
Binger Loch

Wenn man als Passagier mit einem Ausflugsdampfer in Richtung Bingen fährt, des Tors zum *UNESCO-Welterbe Oberes Mittelrheintal*, mit Blick auf den Rhein, auf Wälder, Weinberge, Klöster und Burgen, kann man sich kaum vorstellen, wie gefährlich diese Stelle für die Schifffahrt ist. Während im Rheingau der Flussgrund aus Kies besteht, durchzieht den Rhein ab Bingen eine Gesteinsformation. Längst sind die gefährlichen Klippen gesprengt, die vielen Schiffern zum Verhängnis wurden, doch noch immer sind Havarien zu beklagen – wegen der Strömungen, Untiefen, Kurven und weil sich ab Rheinkilometer 530,8 das Flussbett verengt, wodurch der Fluss schneller fließt. Auf dieser Höhe war vor rund 15 Millionen Jahren beim Durchbruch des Schiefergebirges ein Quarzitriff stehen geblieben, was die Passage unbefahrbar machte: Im Mittelalter mussten Lastkähne ihre Ware bei Lorch entladen und über den Niederwald zur nächsten schiffbaren Anlegestelle nach Geisenheim bringen. Erste Versuche, den Felsspalt zu vergrößern, hatte es wohl von den Römern gegeben, doch erst im 17. Jahrhundert konnte eine vier Meter breite Gasse geschaffen werden: das Binger Loch. Weil dadurch der Wasserstand oberhalb des Riffs sank, verlandeten die Wasserburgen im Rheingau, von den einst 32 Inseln sind nur noch sechs übrig und das hölzerne Fundament des Mainzer Doms musste ersetzt werden, da es trockenfiel und verfaulte.

Bahnbrechende Veränderungen gab es unter den Preußen. Mithilfe der Technik konnte das Nadelöhr auf 30 Meter verbreitert, ein zweites Fahrwasser angelegt – vom Hauptstrom abgetrennt – und die Fahrrinne vertieft werden. Seine heutige Gestalt erhielt der Engpass im 20. Jahrhundert, als er auf 120 Meter verbreitert und das zweite Fahrwasser geschlossen wurde. An das Riff erinnern nur noch vier Lochsteine.

Weitere Informationen zum Binger Loch erhalten Sie im multimedialen »Stellwerk Mensch Natur Technik«, das sich im Park am Mäuseturm befindet.

3

Alter Rheinkran
Hafenstraße 5
55411 Bingen am Rhein

Führungen:
Touristeninformation
Rheinkai 21
55411 Bingen am Rhein
06721 184205
www.bingen.de

HEBEWERK MIT DENKMALSTATUS
Alter Rheinkran

Den Rhein erleben heißt, sich mit seiner Geschichte als Schifffahrtsstraße zu befassen. Zwischen Bingen und Bonn kann man der Vergangenheit vielerorts nachspüren – wie dem Wahrschauer- und Lotsenmuseum am Bankeck, das noch immer eine der gefährlichsten Untiefen des Mittelrheins ist, den Koblenzer Museen, die ich in diesem Buch vorstelle, oder dem Fischereimuseum in Bergheim an der Sieg. Ich finde solche Zeitreisen spannend, weil es hier um Wirtschaft und Alltagsleben geht und um die Idee der Rheinromantik der Künstler und Literaten. All diese Aspekte prägen die Region bis heute.

In dem Zusammenhang ist ferner der Alte Kran am Binger Rheinufer zu nennen, der laut Inschrift 1487 errichtet wurde; das Tretwerk ist von 1787. Der quadratische Bau neben der einstigen Zollverwaltung ist mit Schiefer versehen und wurde auf einem Fundament aus behauenen Quadern erbaut. Auf dem Walmdach ruht eine bewegliche runde Haube, an welcher der Lastarm montiert ist. Das Gebäude steht an einem Hafenbecken. Innen befinden sich an einer Fachwerkkonstruktion zwei raumhohe Laufräder aus Holz: eines zum Anheben des Lastarms und eines zum Senken. Das Kuppeldach samt Ausleger bewegte ein Kranknecht per Hand mit einem Balken, an Seilen hing die Ware: Wein, Salz, Getreide. Auf Lastenwagen wurden die Fässer in die Nähe des Bootes gebracht und an Bord gehievt. Im 16. Jahrhundert existierte in Bingen mindestens ein weiterer Kran; sie waren wichtige Hilfsmittel für den Handel und demzufolge lukrativ für die Binger Landesherren, das Mainzer Domkapitel. Die gebührenpflichtige Nutzung zum Be- und Entladen war vorgeschrieben.

Wer den Vorgang erleben möchte, kann bei der Touristeninformation eine Vorführung buchen, bei der Mitglieder der *Denkmalgesellschaft Bingen am Rhein* Weinfässer an Land und zu Wasser hieven.

Das Hebelgesetz, das diesem Mechanismus zugrunde liegt, wurde im dritten Jahrhundert v. Chr. durch Archimedes formuliert, einen der bedeutendsten Mathematiker und Physiker der Antike.

4

Abtei Sankt Hildegard
Klosterweg 1
65385 Rüdesheim-Eibingen
06722 4990

IN DER TRADITION EINER HEILIGEN
Abtei Sankt Hildegard

Die neoromanische Abtei Sankt Hildegard ist für viele Menschen ein besonderer Ort. Sie liegt oberhalb von Rüdesheim inmitten von Weinbergen. Bei einer Wanderung sah ich plötzlich zwei Kirchturmspitzen über einer Anhöhe hervorlugen: Ein gelungener »Auftritt« für ein großes Kirchenanwesen, der mich schmunzeln ließ.

Zur Abtei gehören Kunstwerkstätten, Weingut, Laden, Café und Gästehaus. Eine Ausstellung informiert über die heilige Namensgeberin. Seitdem Benediktinerinnen aus der Prager Abtei Sankt Gabriel die Niederlassung 1904 gründeten, leben hier Ordensschwestern in der Tradition der Hildegard von Bingen; derzeit sind es 50. Die Kirche erreicht man durch ein schmiedeeisernes Tor. Eine Skulptur zeigt Hildegard (1098–1179) als schöne junge Frau in langem Gewand. In der Kirche wird ihr Leben in fünf Bildszenen dargestellt, die von Künstlermönchen der Beuroner Kunstschule angefertigt wurden.

Wo in Rheinhessen sie geboren wurde und wer ihre Eltern waren, ist unbekannt; wahrscheinlich war sie vermögend. Ihre christliche Erziehung begann mit acht Jahren. Mit 14 ging sie ins Kloster Disibodenberg im Nahetal, wo sie mehr als 30 Jahre lebte. 1147 gründete sie ihr erstes Kloster auf dem Binger Rupertsberg. 1165 erwarb sie ein verlassenes Stift unterhalb der heutigen Abtei Sankt Hildegard und gründete dort Kloster Eibingen. Hildegard leitete beide Klöster und soll jede Woche zweimal über den Rhein gefahren sein. Während des 30-jährigen Krieges wurde das Binger Anwesen zerstört, sodass die Schwestern ins Kloster Eibingen zogen, das im Rahmen der Säkularisation zur Pfarrkirche herabgestuft wurde.

Hildegard gilt als Universalgelehrte. Sie soll mehrere Werke verfasst und Briefkontakt mit Päpsten und Bischöfen in ganz Europa gehabt haben. 2012 wurde sie heiliggesprochen.

Der Rüdesheimer Hildegardweg führt durch die Weinberge zur erwähnten Abtei und Pfarrkirche. Start am Bahnhof Rüdesheim.

5

Ostein'scher Park
65385 Rüdesheim am Rhein

Informationen zum Ringticket:
Bingen-Rüdesheimer Fähr- und Schiffahrtsgesellschaft eG
Rheinkai 10
55411 Bingen am Rhein
www.bingen-ruedesheimer.de/ringticket
06721 308080 und
06721 3080824

RUND UM DEN NIEDERWALD
Ostein'scher Park

Viele Attraktionen, Picknick- und Einkehrmöglichkeiten bietet dieser Ausflug in den Ostein'schen Park: Man bewegt sich per Schiff, Kabinenseilbahn und zu Fuß und kann fantastische Ausblicke genießen. Oder anders gesagt: Ein Highlight folgt auf das nächste.

Mit dem Schiff fahre ich nach Rüdesheim-Assmannshausen und von dort mit der Panoramaseilbahn zur Bergstation. Nach wenigen Minuten erreiche ich ein Jagdschloss, erbaut auf den Grundmauern eines Lehenshofes, der zur Burg Ehrenfels gehörte. Schlossherr war Graf Karl Maximilian von Ostein (1735–1809), dessen Sommerresidenz mit Wildgehege heute ein Hotel mit schattiger Caféterrasse ist. Anschließend könnte ich über die Große Allee zum Niederwalddenkmal gehen, das als Symbol des Sieges nach dem Deutsch-Französischen Krieg 1870/71 errichtet wurde und den Beginn des aufkeimenden Nationalismus im neu gegründeten Deutschen Kaiserreich markiert. Ich entscheide mich jedoch für den Ostein'schen Weg mit zahlreichen Aussichtspunkten und Kleinarchitekturen, die der Graf als romantische Elemente seines englischen Landschaftsparks anlegen ließ. Kurios ist die steinerne Zauberhöhle mit dem 60 Meter langen fensterlosen Tunnel, an dessen Ende ein Pavillon steht, der den Blick auf die gegenüberliegende Burg Rheinstein freigibt. Die Rossel, eine künstlich angelegte Burgruine, erinnert mich mit der knorrigen Alteiche daneben an Mittelmeerländer, und von der Aussicht am Ostein-Tempel, der sich unterhalb des Niederwalddenkmales befindet, soll Goethe begeistert gewesen sein. Wer mag, kann nun mit der zweiten Seilbahn in die Rüdesheimer Innenstadt fahren. Da ich die letzte Abfahrt verpasst habe (Juli/August bis 19 Uhr), stoße ich auf ein weiteres Highlight: den römischen Legionärsweg, der mit Kopfsteinpflaster und Wildblumen ein Idyll ist.

Die Tour kann mit dem Ringticket unternommen werden. Sie beinhaltet je zwei Schiffs- und Seilbahnfahrten (Bingen-Rüdesheimer Schifffahrtsgesellschaft, Rüdesheimer Seilbahn GmbH). Der Start ist frei wählbar.

6

Kloster Jakobsberg
55437 Ockenheim
06725 3040

EIN GASTFREUNDLICHER ORT
Kloster Jakobsberg

Klöster faszinieren mich. Es ist eine fremde Welt, über die wenig nach draußen dringt und in deren spiritueller Atmosphäre ich gut entspannen kann. An solch ruhigen Orten zu übernachten, die oft in landschaftlich schöner Umgebung liegen, ist ein Ausgleich zum turbulenten Alltag.

Kloster Jakobsberg liegt oberhalb von Ockenheim und wurde innerhalb weniger Tage zu einem Lieblingsort. Ringsum laden charmante Sitzplätze zum Verweilen ein: Möchte man die Fernsicht unter riesigen Kastanien genießen, die Idylle am Teich oder den Blick in den Himmel von der ergonomisch geformten, bequemen Ruhebank aus?

Während die Kirche aus dem 19. Jahrhundert stammt, wurden Klostertrakt und Bildungshaus erst in den 1980/90er-Jahren errichtet, mit Referenzen an alte Elemente (Kreuzgang, Torbogen). Ein Blick in die Chronik erklärt den Grund: Am Anfang der Geschichte steht eine Wallfahrt zu Ehren der 14 Nothelfer, die der örtliche Pfarrer 1720 ins Leben rief und für die er eine Kapelle nebst Häuschen für den Kapellenbruder und zur Bewirtung der Geistlichen errichten ließ. Da sie während der Säkularisation beschädigt wurde, weihte die erstarkte Gemeinschaft 1862 die heutige Kirche und baute ein Priesterhaus und weitere Klostergebäude, die im 20. Jahrhundert erneuert wurden. 1921 zogen Trappistenmönche ein, gefolgt von Jesuitennovizen. Von Anfang an war es ein Doppelkloster: Derzeit leben darin neun Missionsbenediktiner des Stammklosters Sankt Ottilien am Ammersee und in einem anderen Trakt vier Schwestern einer philippinischen Kongregation. In der benediktinischen Regel der Gästeaufnahme sehen sie eine zentrale Aufgabe: Die Gespräche und die Messen haben mich berührt, ebenso das Pantokrator-Glasmosaik oberhalb des Altars, von wo aus Jesus seinen Blick auf die Gläubigen richtet. Ich komme wieder.

Bei den Jakobsberger Filmsonntagen wird anspruchsvolles Kino gezeigt, mit Imbiss und Austausch im Anschluss. Weitere Informationen erhalten Sie beim Kloster Jakobsberg.

7

Burg Rheinstein
55413 Trechtingshausen
06721 6348
www.burg-rheinstein.de

ROMANTISCHES KLEINOD
Burg Rheinstein

Dem Phänomen Rheinromantik begegnen Besucher zwischen Bingen und Bonn immer wieder. Die Landschaft mit dem einst wilden Fluss, den Bergen und Burgruinen entsprach den Vorstellungen der Dichter und Künstler des 19. Jahrhunderts, die mit ihren Werken eine erste Reisewelle im Bildungsbürgertum auslösten. Wenige Kilometer nachdem man das Tor zum *UNESCO-Welterbe Oberes Mittelrheintal* am Binger Loch passiert hat, taucht Burg Rheinstein vor einem auf, die Prinz Friedrich von Preußen als erste mittelalterliche Ruine 1825 wiederaufbauen ließ. Beeindruckend ist die Anlage bereits, während man den Serpentinenweg vom Flussufer hinaufläuft (nicht rollstuhl- und kinderwagentauglich), denn sie ist an den felsigen Untergrund angepasst und fällt an den Seiten steil bergab. Restauriert wurde sie im zeitgenössischen Stil: Der Wohnturm erhielt neugotische Zinnen und wurde auf vier Stockwerke erhöht; 1842 die Schlosskapelle auf einem Mauervorsprung errichtet. Die Aussicht ins Tal kann man von einigen Terrassen genießen, doch am meisten mag ich den Burgundergarten, welcher nach der dort wachsenden Rebe benannt ist. Er schließt an den Halsgraben an und wird von dem mehrere Meter hohen Seitentrakt des Hauptores begrenzt. Rosen in Rot- und Rosatönen bilden einen leuchtenden Kontrast zum erdfarbenen Mauerwerk und zu den grünen Reben, die durch Oleander, Engelstrompeten und weitere Blumen ergänzt werden.

Nach neuesten Forschungen wurde der Bau 1316 begonnen, vermutlich vom damaligen Mainzer Erzbischof veranlasst, um das Wiederaufbauverbot der Nachbarburg Reichenstein zu überwachen, die als Raubritternest von König Rudolf von Habsburg zerstört worden war.

Seit 1925 befindet sich Burg Rheinstein in Privatbesitz der Familie Hecher, die hier auch ein Restaurant für die Burgbesucher betreibt.

Das nahe gelegene Ausflugslokal Schweizerhaus wurde ebenfalls von Prinz Friedrich Wilhelm errichtet (derzeit nur Getränkeausschank und nur zu Fuß erreichbar, Gehzeit 15 Minuten). Schweizerhaus 1 in Trechtingshausen.

8

Burg Sooneck
55413 Niederheimbach
06743 6064

KULTUR NEBEN INDUSTRIE
Burg Sooneck

Manchmal liegen Kontraste nah beieinander, sogar im romantischen Mittelrheintal. Neben Burg Sooneck befindet sich ein Steinbruch, der den Berg auf die Hälfte seiner einstigen Höhe reduzierte, sodass zwischen den ringsum bewaldeten Anhöhen der blanke Fels hervorlugt. Seit 1650 wird an diesem Ort Quarzit in großem Stil abgebaut und für Straßen- und Wasserbauprojekte verwendet, auch die Burg wurde aus dem Gestein errichtet.

Der Bau hat einen (mehr oder weniger) quadratischen Grundriss mit einer vorgelagerten Aussichtsplattform. Rings um die Kernburg befinden sich serpentinenartig angelegte Wege. Auf den sonnenexponierten Terrassen wachsen Rosen in allen erdenklichen Farben, Bänke laden zum Verweilen ein. Bienen und Schmetterlinge schwirren zahlreich umher, in den Steinwänden verstecken sich Mauereidechsen. Es bereitet Freude, die Tiere zu beobachten, den Blumenduft und die entspannte Atmosphäre zu genießen.

1271 wurde das Anwesen erstmals urkundlich erwähnt. Wie die Nachbarburgen Rheinstein und Reichenstein wurde sie als Raubritternest genutzt, von wo aus die von den Erzbischöfen eingesetzten Vögte ihre eigenen wirtschaftlichen Interessen verfolgten: Statt wie üblich Zolleinnahmen an Klöster abzuführen, bereicherten sich die Verwalter persönlich. 1282 wurde die Anlage durch König Rudolf von Habsburg zerstört und mit einem Wiederaufbauverbot belegt, welches 1349 aufgehoben wurde. Die gestaffelte Gliederung erinnert an eine Märchenburg und geht auf die Jahre 1834–1864 zurück. Prinz Friedrich Wilhelm IV., späterer Preußenkönig, hatte mit seinen drei Brüdern die Rekonstruktion beschlossen. Neben Schloss Stolzenfels wollte er Sooneck als Sommersitz und Ausgangspunkt für Jagden in die umliegenden Wälder nutzen, was an der Revolution von 1848, Krankheit und seinem Tod scheiterte.

Genießen Sie den traumhaften Blick von dem Aussichtsturm Siebenburgenblick oberhalb der Burg Sooneck (am Rheinburgenweg). www.rheinburgenweg.com

9

Der **Freistaat Flaschenhals** erstreckte sich von Lorch bis Kaub und ist Teil des Rheinsteig-Fernwanderwegs (6. Etappe). Nähere Informationen unter www.rheinsteig.de.

Touristeninformation Lorch am Rhein (im historischen Hilchenhaus)
Rheinstraße 48
65391 Lorch am Rhein
06726 8399249
www.lorch-rhein.de
oder
Touristeninformation Kaub (im Rathaus)
Schulstraße 12
56349 Kaub
06774 222
https://kaub.welterbe-mittelrhein.de/touristinformation

KURIOSER MIKROSTAAT
Hauptstadt des *Freistaat Flaschenhals*

Dass Reisen bildet, zeigt einmal mehr folgendes Erlebnis: Während einer Wanderung um Lorch stieß ich auf eine historische Anekdote, die wie ein Treppenwitz klingt. Schilder erinnern daran, dass das Gebiet von Lorch bis Kaub von 1919 bis 1923 ein Freistaat war. Ursache war ein Vermessungsfehler: Im Vertrag zum Waffenstillstand von Compiègne wurde die Besetzung von Köln, Koblenz und Mainz angeordnet, in Halbkreisen mit jeweils 30 Kilometer großen Radien. Zwischen dem US-amerikanischen Brückenkopf von Koblenz und dem von Frankreich annektierten Mainz blieb ein Bereich vakant, der sich vom Rheinufer bis nach Limburg an der Lahn erstreckte und die Form eines Flaschenhalses hatte. Wegen der Lage am Rhein war der Landstrich vom Deutschen Reich abgeschnitten, zu dem er formal gehörte – und somit eine Enklave, anfangs verwaltet vom damaligen Landrat von Limburg an der Lahn, der nächsten unbesetzten Zone. Doch weil keine Bahnstrecke oder Straße dort hinführte, übergab er die Verantwortung an den Lorcher Bürgermeister, der das Territorium für unabhängig erklärte.

Zwischen dem Mikrostaat und Limburg verkehrte eine Postkutsche, die nicht den gesamten Handel bewältigen konnte, sodass Schmuggel und Inflation folgten und die rund 17.000 Enklavenbewohner ihre eigene Währung bekamen. Als das Deutsche Reich mit Reparationslieferungen in Verzug geraten war und alliierte Truppen das Ruhrgebiet besetzten, annektierten Franzosen den verhassten Mini-Freistaat. Nach ihrem Abzug 1924 wurde das einstige Niemandsland als Teil der Weimarer Republik wirtschaftlich erschlossen. Heute lässt es sich vortrefflich erwandern. Die ständigen Auf und Abs der Rheinsteigetappe werden mit wunderschönen Panoramablicken belohnt, außerdem bietet die Tour jede Menge stadt- und kulturgeschichtliche Highlights.

Seit 1994 vermarkten regional ansässige Winzer und Gastronomen ihre Weine, Sekte und Edelbrände mit dem Siegel der Freistaat-Flaschenhals-Initiative.

10

Burg Pfalzgrafenstein
56349 Kaub
0172 2622800
www.dieburgpfalzgrafenstein.de

ZOLLSTATION IM WILDEN GEFÄHR
Burg Pfalzgrafenstein

Wie ein Bollwerk thront sie mitten im Rhein und zieht sowohl von den Anhöhen wie bei Schiffsfahrten alle Blicke auf sich: Burg Pfalzgrafenstein stellt die oberhalb angesiedelte Burg Gutenfels in den Schatten. Die Besichtigung macht auch Kindern Spaß, denn das Anwesen befindet sich auf einem Felsenriff, zu dem man mit einer Personenfähre übersetzt. Dass die Anlage die Form eines Schiffes hat, ist so originell wie klug, denn der stromlinienförmige Grundriss verhindert, dass der Druck von Wasser und Eisgang zu groß wird.

Der älteste Teil ist ein fünfeckiger Turm, den der Pfalzgraf und spätere König Ludwig der Bayer 1326 errichten ließ, um Kapital aus einer gefährlichen Untiefe zu schlagen, dem Wilden Gefähr. Aus Richtung Süden kommende Schiffe mussten ihre Boote in Kauber Fahrwasser umtragen – eine gute Gelegenheit zum Einfordern eines Wegezolls. Da Ludwig das Geld für sich behielt und nicht an die Kirche weiterleitete, belegte Papst Johann XXII. ihn mit einem Kirchenbann. (Zur gleichen Zeit ließ der Erzbischof von Mainz den Mäuseturm am Binger Loch errichten, um in Verbindung mit den Burgen Klopp und Ehrenfels Rheinzoll zu erheben, und behielt das Geld ebenfalls für sich – in diesem Fall ohne päpstliches Veto.)

Ursprünglich war der seinerzeit frei stehende Turm über einen Eingang in Höhe des dritten Geschosses zu erreichen. Ludwig ließ ihn mit einer Ringmauer mit Wehrgang sichern und verlegte den Eingang an die nunmehr geschützte Landseite. Eine Wohnburg war die Anlage nie, aber es gab ein Quartier für den Kommandanten. Eine Zeit lang diente sie als Gefängnis. Im Winter 1813/14 gelang dem preußischen General Blücher hier mit seinem Heer der Rheinübergang, der zum Sturz Napoleons führte. Als 1867 beide Rheinseiten preußisch waren, verließen die letzten Zollbeamten die Insel.

Der französische Schriftsteller Victor Hugo (1802–1885) bezeichnete die Burg als »steinernes Schiff«, das für immer vor Anker gegangen sei.

11

Blüchermuseum
Metzgergasse 6
56349 Kaub
06774 400
www.bluechermuseum-kaub.de

GEDENKSTÄTTE FÜR EINEN GENERAL
Blüchermuseum

Über mangelnde Ehre würde sich der preußische Generalfeldmarschall Gebhard Leberecht von Blücher (1742–1819) vermutlich nicht beklagen. Dort, wo er 1814 mit seiner Schlesischen Armee den Rhein überquerte und nach der Völkerschlacht in Leipzig den finalen Schlag gegen Napoleons Vorherrschaft einleitete, würdigt man ihn gleich mehrfach. Am Flussufer im linksrheinischen Bacharach erinnert ein Gedenkstein an seinen Feldzug. In Kaub steht ein überlebensgroßes Denkmal am Rhein, unmittelbar neben der Bundesstraße, die täglich zigtausend Menschen passieren. Und im Blüchermuseum der Stadt werden Erinnerungsstücke und Bilder gezeigt, ferner wird an diesem Ort über die historischen Hintergründe seiner Handlungen informiert. Spätestens beim Anblick des Zinnfiguren-Dioramas *Blüchers Rheinübergang bei Kaub* gewinnt man einen Eindruck davon, was für eine logistische Meisterleistung es gewesen sein muss, eine Pontonbrücke (Schwimmbrücke) zu errichten, um 50.000 Soldaten, 15.000 Pferde und 182 Geschütze auf die linke, seinerzeit französische Rheinseite zu befördern.

Seit 1913, zum 100-jährigen Jubiläum der Rheinquerung, ist das Blüchermuseum im Vorderhaus des damaligen Gasthauses *Zur Stadt Mannheim* untergebracht, in dem der General 1813 mit 80 Offizieren Quartier bezog und wo er seine Strategie entwickelte. Das repräsentative Barockpalais, das Kommerzienrat Johann Daniel Kilp 1780 hatte erbauen und 1792 um eine hufeisenförmige Hofanlage für Lagerräume und Pferdeställe ergänzen ließ, präsentiert die bürgerliche Wohnkultur jener Zeit. Wertvolle Leinwandtapeten, Kachelöfen und Möbel sind zum großen Teil erhalten. Interessant ist das Blüchermuseum nicht nur für Fans von Militaria, sondern für alle, die sich für historische Zusammenhänge interessieren.

Auf Blüchers Spuren über den Rhein: Dieses Kombiticket beinhaltet den Eintritt für Burg Pfalzgrafenstein und Blüchermuseum ebenso wie die Überfahrten mit der Personenfähre.

12

Jugendherberge Burg Stahleck
55422 Bacharach
06743 1266
www.diejugendherbergen.de/jugendherbergen/bacharach

ÜBERNACHTEN IN ALTEM GEMÄUER
Jugendherberge Burg Stahleck

Burgen üben auf viele Menschen großen Reiz aus. Der historische Charme fasziniert in unserer schnelllebigen Zeit, es schwingen die Geschichten von Rittern und Burgfräulein mit, von denen wir seit jeher in alten Erzählungen hören und die auch in der Kultur des Mittelrheintales präsent sind – siehe Loreley.

Wer mal auf einer mittelalterlichen Anlage übernachten möchte, kann dies auf Burg Stahleck tun, denn sie wird vom Deutschen Jugendherbergswerk (DJH) unterhalten. Es ist ein Erlebnis, dieses Gemäuer über Nacht und ohne Führung zu erleben – und mitunter beschwerlich, zum Beispiel, wenn man sein Gepäck über die engen, steilen Treppen in die Dachkammer tragen muss. Die fast rechteckige Anlage verfügt über einen frei stehenden Turm und über eine Terrasse an der Rheinfront. Eine oberhalb liegende Geschützplattform bietet eine gute Aussicht.

Errichtet wurde der Wehrbau Ende des 11. oder zu Beginn des 12. Jahrhunderts im Auftrag der Kölner Erzbischöfe. 1142 ernannte König Konrad III. seinen Schwager Hermann von Katzenelnbogen zum Pfalzgrafen; dieser wählte die Burg als Residenz. Nachdem sie 1689 durch die Truppen Ludwigs XIV. gesprengt worden war, verfiel die Anlage – bis sie 1909 in den Besitz des *Rheinischen Vereins für Denkmalpflege* gelangte, der 1925 darin eine Jugendherberge einrichtete. Während des Zweiten Weltkrieges missbrauchten Nationalsozialisten sie für ihre Zwecke, darunter als Umerziehungslager und Wehrmachtslazarett.

Beliebt ist die Burg vor allem bei Familien und Schulklassen. Die Nacht verbringen kann hier jeder, der einen Mitgliedsausweis hat. Wer vom historischen Charme alter Gebäude nicht genug bekommen kann: Übernachtungsmöglichkeiten bietet das DJH zudem auf der Festung Ehrenbreitstein in Koblenz und bundesweit in weiteren Burgen und Schlössern.

Die Wanderung *Stahlbergschleife* führt zur *Wernerkapelle* sowie zu den Burgruinen *Stahlberg* und Stahleck. Wenn man an der Burg Stahleck losgeht, kann man sich gegen Ende in der Innenstadt stärken.

13

**Weinstube
Zum grünen Baum**
Oberstraße 61
55422 Bacharach
06743 9378530
www.weingut-bastian-bacharach.de

 # RUND 270 JAHRE IN FAMILIENBESITZ
Weinstube Zum grünen Baum

Mit seinen Fachwerkhäusern, Kirchen und der Burg Stahleck an der fast vollständig erhaltenen Stadtmauer hat Bacharach viel zu bieten, was Schriftsteller wie Victor Hugo, Clemens Brentano und Achim von Arnim anzog. Eines der schmucken Gebäude ist die Weinstube Zum grünen Baum, die Teil einer Hofanlage mit vier Einheiten vom 15. bis 19. Jahrhundert ist. Sie liegt am Marktplatz und ist von weiteren Fachwerkbauten umgeben. Das Ensemble finde ich charmant; noch lieber mag ich den weinberankten Innenhof auf der Rückseite, der Aussicht auf die evangelische Pfarrkirche und die erwähnte Burg bietet. Mit den vertäfelten Wänden und den Holzmöbeln sieht die Straußwirtschaft auch innen gemütlich aus. Eine gute Gelegenheit, sechs oder zwölf Rebensäfte des hauseigenen Weinguts Friedrich Bastian kennenzulernen, bietet eine Weinprobe. Serviert werden Vespergerichte.

Seit 1753 befindet sich der Betrieb in Familienbesitz. Derzeit wird er von Friedrich Bastian geführt, der nach der Winzerlehre ein Opernstudium absolvierte und gelegentlich zu *Wein & Musik* lädt. Seit 1815 gehört eine Rheininsel zum Eigentum, die einst Wohnsitz war und als Anbaufläche für Obst und Getreide diente; seit den 1960er-Jahren wachsen hier Rieslingreben. Zudem bewirtschaftet Bastian mehrere Flächen in exponierter Steillage, auf denen Scheurebe und Spätburgunder gedeihen. Sie können auf dem Orionsteig entlang der Stadtmauerreste und Wehrtürme erkundet werden, wobei man vielleicht sogar den seltenen Orion-Schmetterling sieht.

Einen Kontrast zu so viel Geschichte bildet die Vinothek an der Koblenzer Straße 1, die mit ihrer klaren Gestaltung den Fokus auf das Wesentliche legt. Hier findet sicher jeder, der mag, seinen Wein für zu Hause. Mein Favorit: Riesling von Heyles'en Werth, der einzige Inselwein des Mittelrheintales.

Die mittelalterliche Stadtbefestigung kann man auf dem Stadtmauerrundweg erkunden (Dauer: eine gute Stunde).

14

Kurpfälzische Münze
Oberstraße 72–74
55422 Bacharach
06743 9090731
www.muenze-bacharach.de

WICHTIGE PRÄGESTÄTTE
Historisches Gasthaus Kurpfälzische Münze

In Bacharach begegnet man vielen Fachwerkhäusern und hübsch sind sie alle, doch dieses Anwesen sticht aus der Masse heraus. Es besteht aus zwei unterschiedlich hohen Gebäudeteilen mit separaten Schieferdächern; die Fachwerketagen ruhen auf einem Erdgeschoss aus Stein. Schöne Details sind die teilweise filigranen Figuren im Tragewerk. Mehrere Schilder weisen den Doppelbau des 16. und 17. Jahrhunderts als Prägestätte aus. Beeindruckend sind außerdem die Innenräume, wo Wandgemälde die ursprüngliche Funktion des Gebäudes offenbaren.

Erste Nachweise für die Geldherstellung existieren ab 1142, als der von König Konrad als Pfalzgraf eingesetzte Hermann von Stahleck am Mittelrhein ein Machtzentrum aufbaute. Mit zunehmendem Handel erhielten geistliche und weltliche Würdenträger das Prägerecht, das ursprünglich einzig dem Kaiser oblag. In Bacharach wurden Weißpfennige, Heller und Sterlinge gefertigt, ab 1356 der *Bacharacher Goldgulden*. Durch Verträge schlossen sich die Kurfürsten von Trier, Mainz und Köln mit den Pfalzgrafen zusammen und ließen ihre Münzen bis 1508 in Bacharach herstellen. Kurfürst Friedrich der Erste verlegte die Prägestätte schließlich nach Heidelberg.

Wann in den Räumen eine Weinstube eingerichtet wurde, ist nicht bekannt, Kirchendokumente belegen aber, dass sie seit 450 Jahren in Besitz der Familie Suhr ist.

Lange hatte diese ihren Betrieb verpachtet; seit 2014 führen die Suhrs ihr Lokal selbst. Einen Schwerpunkt bilden 36 Rot- und Weißweine aus Bacharach, von denen einige als Probe verkostet werden können, wahlweise mit einer neutralisierenden Grundlage aus Brot, Käse und Trauben. Wer Hunger hat, kann aus Flammkuchen, Pizza und Vespergerichten auswählen.

Auch Hildegard Knef (1925–2002) wusste die heimelige Atmosphäre des Lokals zu schätzen, das Einheimische »Diplomateneck« nennen, weil hier schon diverse Politiker zu Gast waren.

15

Zugang zum **Minoriten-kloster** durch *Oberstraße* und *Im Kloster*. Parken können Sie am Rheinufer zwischen Bahnlinie und B 9. Von hier kurzer Fußweg. Karten kann man im Kulturhaus Oberwesel erwerben.

Informationen:
Kulturhaus Oberwesel
Rathausstraße 23
55430 Oberwesel
06744 714726
www.kulturhaus-oberwesel.de

WOHNEN IN SAKRALER UMGEBUNG
Minoritenkloster

Als das Kulturhaus Oberwesel die Sakristei des ehemaligen Minoritenklosters öffentlich zugänglich machte und für Stadtführungen erschloss, war den Verantwortlichen mediale Aufmerksamkeit gewiss. Denn wo sonst findet man ein Quartier zwischen Wehr- und Klostermauer mit Resten von Kirchenschiff, Kreuzgang und Kapitelsaal?

Die Führungen beginnen mit einer multimedialen Rauminszenierung im ehemaligen Refektorium, die über den Orden und die 800-jährige Klostergeschichte informiert. Während des folgenden Rundgangs sieht man die Sakristei in ihrer Form aus dem 15. Jahrhundert, den Klostergarten, der durch die Straße *Im Kloster* getrennt ist, das Haus Richter, wo ein Film über das Leben der einstigen Siedlungsbewohner gezeigt wird, ferner Reste des Kreuzgangs. Stimmungsvoller Abschluss ist der Besuch der Kirchenruine, die bei Sonnenuntergang illuminiert wird.

1242 gegründet, war das Minoritenkloster eines der ersten Franziskanerklöster in Deutschland; es wurde mehrfach erweitert. Die ursprünglich kreuzrippengewölbte Halle für 300 Gläubige bestand aus Haupt- und Seitenschiff. Während seiner Blütezeit vom 14. bis 16. Jahrhundert besaß es eine bedeutende Lateinschule. 1517 schlossen sich die Mönche innerhalb des Franziskanerordens der Gruppe der Minoriten an. Um 1558 aufgehoben, gelangte das Kloster 1621 wieder in den Besitz des Ordens. Im Rahmen der Säkularisation wurde es aufgelöst. Kurz darauf errichteten Oberweseler in Kreuzgang und Sakristei einfache Behelfsbauten und nach dem verheerenden Stadtbrand von 1834 Häuser, von denen einige 1907 bei einem weiteren Feuer niederbrannten.

Eine von Bürgern gegründete Stiftung, die das erwähnte Kulturhaus betreibt, konnte in jüngster Zeit drei Gebäude erwerben und zurückbauen, um das historische Areal wieder sichtbar zu machen.

Ein schöner Spaziergang führt vom Stadtmauergarten am Kloster über den Stadtmauer-Rundweg bis zum Mühlenturm und von dort durch die Weinberge zum Günderodehaus am Siebenjungfrauenblick.

16

Odins Mühle
Gemeindemühle 1
56348 Bornich
06771 7073

ZU BESUCH BEI 40 ESELN
Ferienhaus Odins Mühle

Da Esel zu meinen Lieblingstieren gehören, fühle ich mich in diesem Ferienhaus, das zum Großeselgestüt Loreley gehört, wie im Paradies auf Erden. Wann immer ich möchte, kann ich die Langohren besuchen und mich an ihrer Gesellschaft erfreuen. Gewiss ist es anfangs ungewohnt, wenn mehrere Vierbeiner auf einen zugelaufen kommen. Doch Angst muss man vor den freundlichen Lebewesen nicht haben, während Respekt natürlich immer gegeben sein sollte. Ich mag die sanfte, neugierige und dem Menschen zugewandte Art dieser Tiere und dass sie eigene Entscheidungen treffen – eine Fähigkeit, die sie evolutionsbedingt entwickelten: Die afrikanischen Wildesel waren auf schmalen Bergpfaden in Lebensgefahr und darauf angewiesen, nur Wege zu gehen, die ihnen sicher erschienen.

Doch meine Affinität ist nicht der einzige Grund für diesen Lieblingsplatz – Esel sind mit der Region seit jeher eng verbunden. Die Reit- und Lasttiere trugen zuverlässig Weintrauben von den Anhöhen in die Täler, Material zu den Arbeitern in die Steinbrüche, Wasser und Holz zu den Burgen und im 19. Jahrhundert den einen oder anderen Reisenden zu Sehenswürdigkeiten. Vornehmlich verbinde ich mit den grauen und braunen Tieren ein mediterranes Lebensgefühl, doch in hiesigen Breitengraden lebten sie genauso. Erst mit dem technischen Fortschritt mussten sie weichen. Vielerorts sind die alten Versorgungspfade als *Eselswege* für Wanderer erhalten.

Das Großeselgestüt Loreley liegt im Forstbachtal an einer ehemaligen Wassermühle. Auf ihrem Anwesen züchten Sylvia Morgenstern und Friedrich Sauerwein Langohren verschiedener Rassen, bieten Wanderungen und Workshops an. Im ehemaligen Backhaus befindet sich das Ferienhaus für zwei Personen. Tier und Mensch geht es an diesem Ort gut, und deswegen werde ich gerne wiederkommen.

Ringsum das idyllisch gelegene Hofgut führen diverse Wanderwege, unter anderem zum Loreleyplateau.

17

Loreleyfelsen
56346 St. Goarshausen

Loreley-Touristik e. V.
Bahnhofstraße 8
56346 St. Goarshausen
06771 9100
www.loreley-touristik.de

UNGLÜCKBRINGENDE DAME
Loreleyfelsen

In einem Buch über den Romantischen Rhein darf die Loreley nicht fehlen. Nichts symbolisiert die Region so stark wie dieser Fels, der bereits Clemens Brentano sowie etliche weitere Künstler und Literaten inspiriert hat. Seit dem 19. Jahrhundert gilt die Loreley als touristisches Aushängeschild, man kennt sie weltweit.

In der Ballade *Zu Bacharach am Rheine* (1801) schrieb Brentano erstmals von *Lore Lay,* die wegen ihrer Anziehungskraft auf Männer für eine Zauberin gehalten wird und sich aus Liebeskummer vom Felsen stürzt. In den *Rheinmärchen* beschreibt er Loreley als Hüterin des Nibelungenhortes, die singt, wenn ein Schiffer sie passiert, bevor sie im weiteren Verlauf auf der Klippe sitzend ihr Haar kämmt, während ein vorbeifahrendes Schiff in einen Sog gerät und untergeht. Brentano hat seine Erzählung mit dem antiken Mythos verknüpft, in dem sich die Nymphe Echo aus Liebeskummer in einen Fels verwandelt, aus dem ihre Stimme als Echo erklingt. Der siebenfache Widerhall des Loreleymassivs und die gefährliche Strömung für Seeleute im Bereich von St. Goar waren bekannt. Zum Volksgut wurde die Sage durch ein Gedicht von Heinrich Heine (1824): »Ich weiß nicht, was soll es bedeuten, dass ich so traurig bin; ein Märchen aus alten Zeiten, das kommt mir nicht aus dem Sinn (…).«

Als Skulptur ist Loreley auf dem Felsen zu sehen und auf der Hafenmole. Dass sie bis heute ihr Unwesen treibt, zeigte sich zuletzt bei dem Tankerunglück von 2011. Während das Flussbett oberhalb der Untiefe Kammereck 300 Meter breit ist, verengt es sich am Betteck auf 145 Meter, hinzu kommen enge Kurven und starke Strömungen. Bis zur Sprengung einiger Felsen in den 1930er-Jahren war die Stelle noch gefährlicher. Es heißt, der heilige Goar habe sich an diesem Ort niedergelassen, um Schiffbrüchige zu retten.

Das Wahrschauer- und Lotsenmuseum in St. Goar erinnert an jene Berufsgruppen, die einst den Schiffsverkehr auf dem Rhein regelten. Von St. Goarshausen kann man mit der Fähre übersetzen.

18

Loreley-Freilichtbühne
Auf der Loreley 9
56348 Bornich
www.loreley-
freilichtbuehne.de

Informationen: **Loreley-Besucherzentrum**
Auf der Loreley (oberhalb von St. Goarshausen)
Loreley 7
56346 Bornich
06771 599093
www.loreley-touristik.de

EINE EINMALIGE ATMOSPHÄRE
Loreley-Freilichtbühne

Als Jugendliche schwärmte ich unter anderem für die schottischen *Simple Minds*. Ich erinnere mich gut, wie ich meinen Eltern erzählte, dass sie ein Konzert auf der Loreleybühne geben würden. Und an die Frage meines Vaters, ob sie mich hinfahren sollen. Mit dieser Reaktion hatte ich nicht gerechnet, die Freude war also groß.

Es war ein schöner Sommertag: Für meine Eltern war es ein Ausflug an den Romantischen Rhein, für mich war es der Himmel auf Erden. Und das nicht nur wegen der Musik, sondern auch wegen der Atmosphäre. Die Freilichtbühne ist von den Ausmaßen überschaubar und befindet sich auf einem Plateau oberhalb des Stromes – exponierter könnte ihre Lage nicht sein. Beides zusammen sorgt für eine einmalige intime Stimmung.

Im 18./19. Jahrhundert kämpften Deutschland und Frankreich mehrfach um den Verlauf ihrer Landesgrenzen, ein Kampf, den Literaten beiderseits des Rheines auf Papier fortführten. Frankreich sah den Fluss als natürliche Grenze seines Reiches und Deutschland beanspruchte ihn als nationalen Strom. Mit Ende des Deutsch-Französischen Kriegs 1871 und der Angliederung Elsaß-Lothringens an das Deutsche Reich galt der Mittelrhein als nationales Erbe. 1933 errichteten die Nazis jene Bühne, die für Musikfans legendär wurde: In den 80er-Jahren organisierte der WDR an diesem Ort seine »Rockpalast«-Festivals, zusätzlich zu den Essener Rocknächten, und übertrug sie ins Fernsehen – eine wichtige Inspiration für viele, denn erstmals konnte man nationale und internationale Stars live sehen. Mit dem Aufkommen von MTV, Festivals und Konzerten nahm das allgemeine Interesse ab. Heute hat die Loreleybühne nicht mehr den Stellenwert von einst, weil etliche Locations um Zuschauer werben – Musik ist quasi immer präsent. Nach wie vor ist sie aber eine einzigartige Konzertkulisse.

Unterhalb der Freilichtbühne befindet sich ein Biergarten mit wunderschöner Aussicht.

19

Burg Rheinfels
Schloßberg 47
56329 St. Goar
Burg mit Museum:
06741 7753
Romantik Hotel:
06741 8020
www.schloss-rheinfels.de

MÄCHTIGE FESTUNG IN TOPLAGE
Burg Rheinfels mit Romantikhotel

Manche Orte werden sofort zu Lieblingsplätzen – wie diese Burg, die ich schon beim ersten Besuch ins Herz schloss. Einen warmen Sommerabend in der begrünten Ruine zu verbringen ist ein Traum. Zur Abkühlung geht es in Europas größten freitragenden Gewölbekeller, wo es Kindern sowie Erwachsenen Spaß macht, das eigene Echo zu hören. Das Wahrzeichen von St. Goar ist auch vom Schiff und von der anderen Rheinseite beeindruckend. Umso mehr, wenn man weiß, dass die Hälfte des einst 32.000 Quadratmeter umfassenden Areals unter der Erde liegt. Am Rhein und im Ortsteil Biebernheim befinden sich unterirdische Wehrgänge, die wohl unentdeckt bleiben, weil das Schiefergestein bei der Freilegung brechen würde.

Errichtet 1245 von Graf Diether V. von Katzenelnbogen als Zollburg, wurde sie mit der Zeit zum Machtzentrum des Geschlechtes ausgebaut, das sich aufgrund seiner Finanz- und Heiratspolitik zu einem führenden Herrscherhaus am Mittelrhein entwickelte. Mit dem Bau der gegenüberliegenden Burg Katz konnte es eine Rheintalsperre erwirken und den Schiffsverkehr am Bankeck kontrollieren. Nachdem die Dynastie 1479 ausstarb, fiel die Anlage an die Landgrafen von Hessen, die sie zu einem Renaissanceschloss umbauten und zu einer der stärksten Festungen im Mittelrheintal erweiterten. Teile der Anlage dürfen Besucher frei erkunden; Kasematten und Wehrgänge sind bei Führungen zugänglich.

Im Schloss befindet sich ein Vier-Sterne-Superior-Romantikhotel. Bei meinem Aufenthalt dort haben mir besonders die Frühstücksgalerie mit Rheinblick und der Wellnessbereich gefallen. Letzterer wurde in die Burgmauer integriert und überzeugt mit charmanten Ideen: Statt Außenpool verspricht ein Burgzelt mit Tauchbecken Abkühlung, von der Außensauna und dem kleinen Garten kann man den Blick ins Rheintal genießen.

Frühstück und Wellnessangebot des Romantikhotels richten sich auch an Nichthotelgäste.

20

Loreleyblick Maria Ruh
Loreleystraße 20
55430 Urbar
06741 9811599
www.maria-ruh.de

AUSFLUGSLOKAL AM WALDESRAND
Café & Restaurant Loreleyblick Maria Ruh

Von Panoramablicken auf den Romantischen Rhein kann ich nicht genug bekommen. Diesem Vergnügen fröne ich unter anderem im Ausflugslokal Maria Ruh. Die Namensgeberin sieht man schon bei der Ankunft: Als überlebensgroße Figur steht sie auf der Terrasse und blickt mit einem Fernglas zur Loreley auf die andere Rheinseite. Mit Dutt und langem hochgeschlossenem Kleid stellt sie die Gegenspielerin zur betörenden Loreley dar: Bei der sittsamen Maria sollen all jene zur Ruhe kommen, die vom Zauber der Schönen verwirrt wurden. Angesichts des vielfältigen Angebotes und der idyllischen Lage dürfte das mit Leichtigkeit gelingen. Dass Clemens Brentano, Heinrich Heine und Friedrich Silcher, die Schöpfer des Loreleyliedes, nur wenige Meter entfernt mit einem Denkmal geehrt werden, sollte man ihr wohl besser nicht verraten.

Das Waldchâlet gehört zum Romantikhotel Schloss Rheinfels; eine hauseigene Konditorei versorgt beide Betriebe mit Kuchen und Torten. Dazu wird Kaffee serviert, den der Geschäftsführer von Maria Ruh mit einer *Macchina* geröstet hat. Appetit auf Herzhaftes kann man mit »typisch deutschen« sowie rheinischen Gerichten stillen. Sehr beliebt ist das Frühstück, das sonn- und feiertags auf Etageren serviert wird. Wer ungestörte Zweisamkeit genießen möchte, kann sich einen Picknickkorb zusammenstellen lassen und die Erfrischungen auf der Wiese mit Fernsicht genießen. Zum Lokal gehören ferner eine Terrasse und ein Biergarten. Die Lage auf dem Hochplateau bietet im Sommer Platz für unvergessliche Konzerte unterschiedlicher Stilrichtungen: die *Maria Ruh Classix*.

Blickpunkte im Gastraum sind Möbel, die an einen alten Kaufmannsladen erinnern, sowie die quietschrote *Macchina*. Wer mag, kann Kaffee und Produkte aus Quitte oder Mittelrheinkirsche käuflich erwerben.

Das erwähnte Denkmal befindet sich im *Loreley Observation Park* mit Ruhebänken, Aussichtspavillon, Pärchenschaukel – und grandioser Fernsicht.

21

Museum Boppard
Kurfürstliche Burg
Burgplatz 2
56154 Boppard
06742 8015984
www.museum-boppard.de

PIONIER AUS DEM RHEINTAL
Thonet-Dauerausstellung in der Kurfürstlichen Burg

Als ich vor Jahren las, dass Michael Thonet aus Boppard kam, war ich überrascht. Den Erfinder des legendären Wiener Kaffeehausstuhls hatte ich nicht am Mittelrhein verortet.

In Boppard lebte der 1796 Geborene bis 1842. Dort gebar seine Frau 13 Kinder, von denen nur fünf Söhne überlebten. Nach einer Schreinerlehre übernahm Thonet den Betrieb des Vaters, kaufte eine Leimsiederei und fand durch Experimente heraus, wie Furnierstreifen durch Kochen in Leim und mittels Dampf für den Möbelbau gebogen werden konnten. Erste Erfolge verbuchte er mit dem *Bopparder Stuhl*. Weil Patentanträge nicht bewilligt wurden und ausländische Patente nicht erworben werden konnten, hatte die Familie bald Existenzsorgen. Bei der Koblenzer Gewerbeausstellung 1841 traf Thonet den gebürtigen Koblenzer Fürst von Metternich, der ihn an den Hof nach Wien lud und ihm zum Umzug geraten haben soll. Dort war Thonet zunächst Angestellter, 1849 gründete er seine Firma. Nachdem seine Produkte auf den Weltausstellungen in London und Paris gezeigt wurden, war die Nachfrage enorm. *Stuhl Nr. 14* verkaufte sich bis 1930 rund 50 Millionen Mal. Bei Thonets Tod 1871 war die Firma mit Verkaufsniederlassungen in europäischen, nordamerikanischen und russischen Metropolen vertreten.

Neben dem Gespür für Formen und hohen Qualitätsansprüchen zeigten Thonet und Söhne Innovationstalent: Der industrielle Durchbruch erfolgte dank des Verfahrens, Massivholz zu biegen. Für den Transport wurden die Möbel zerlegt und vor Ort montiert – das vereinfachte den weltweiten Vertrieb. Durch die Industrialisierung und die damit einhergehende Verstädterung stieg die allgemeine Nachfrage nach Büromöbeln. Im Bopparder Stadtmuseum in der Kurfürstlichen Burg wird ein Querschnitt der Thonet-Modelle präsentiert und über die Hintergründe informiert.

Beim Besteigen des Bergfrieds der Kurfürstlichen Burg hört man eine Klanginstallation mit typischen Geräuschen aus der Umgebung.

22

Der **Marienberger Park** in Boppard befindet sich zwischen Simmerner Straße und Fußweg Schowes. Zugang unter anderem über Parkstraße / Am Marienberger Park.

Touristeninformation Boppard
Marktplatz 17
56154 Boppard
06742 3888
www.boppard-tourismus.de

EIN WIEDERENTDECKTES KLEINOD
Marienberger Park

Der Marienberger Park ist ein verwunschenes Kleinod, in dem zahlreiche alte Bäume wachsen. Als englischer Landschaftsgarten angelegt, folgt er dem natürlichen Verlauf des Taleinschnitts. Mitten durch das Gelände fließt der idyllische Orgelbornbach, den man auf kleinen Brücken überqueren kann. Im oberen Bereich der Anlage wird das Minigewässer zum Teich gestaut, wo Bopparder seit 1420 traditionell ihre Pfingstkirmes feiern. Der Park gehört zum Rundwanderweg *Traumschleife Marienberg,* dessen Aussichtspunkte *Thonet-Tempel* und *Baedekers Ruh* an Michael Thonet, Erfinder des Wiener Kaffeehausstuhls, und Verleger Karl Baedeker erinnern, der mit seinem Rhein-Reiseführer einen Tourismusboom im Mittelrheintal auslöste.

Angelegt wurde der Landschaftspark 1839, nachdem das dazugehörige Kloster (errichtet 1123), das unter Napoleon säkularisiert wurde, eine neue Bestimmung als Kaltwasserheilanstalt fand. Zum Areal gehörte ein Abteigarten, der zum Erholungsort für Kurgäste umfunktioniert wurde und in dem fortan medizinische Anwendungen durchgeführt wurden. In der Folge wurde Boppard zur Kurstadt ernannt und lockte zahlreiche Persönlichkeiten an, darunter Fredrika Bremer, schwedische Schriftstellerin und Mitbegründerin der schwedischen Frauenbewegung. Mit der Hydrotherapie kehrte man im 18. und 19. Jahrhundert zu altem Wissen zurück, denn bereits in der Antike war man von der Heilkraft des Wassers überzeugt. Im ausgehenden Mittelalter wurde es hingegen als Infektionsherd angesehen.

Seit 2007 ist der zwischenzeitlich in Vergessenheit geratene Park wieder für die Öffentlichkeit zugänglich, der aufgrund seiner Artenvielfalt fast als Arboretum gilt. In dem verfallenen Klostergebäude sollen in naher Zukunft Wohnungen entstehen. Das Gelände liegt etwa einen Kilometer oberhalb des Stadtkerns.

Führungen bietet die Touristeninformation Boppard auf Anfrage an.

23

Restaurant Gedeonseck
Gedeonseck
56154 Boppard
06742 2675
www.gedeonseck-boppard.de

Talstation der Sesselbahn Boppard
Mühltal 12
56154 Boppard
06742 2510
www.sesselbahn-boppard.de

RUNDUMSICHT DER EXTRAKLASSE
Restaurant Gedeonseck

Panoramablicke gehören zum Mittelrhein wie Salz in die Suppe. Und das ist gut so! Denn die traumhafte Aussicht auf das Tal mit seinen Burgen, den kleinen Orten, die sich an die Hänge schmiegen, und dem Fluss mit seinem (meist) regen Schiffsverkehr wird nie langweilig. Aus dieser Perspektive lässt sich nachvollziehen, wie sich der Rhein in Millionen von Jahren seinen Weg durch das Gebirge gebahnt hat. Und natürlich: Landschaft und Weite zu genießen ist entspannend. So gerne ich in den Städten und Dörfern unterwegs bin, ich nutze doch immer wieder die Gelegenheit, von oben auf die Region zu schauen.

Zum Beispiel vom Gedeonseck, einem Bergplateau mit gleichnamigem Café-Restaurant. Es wurde nach einem Pfarrer benannt, der als »Gedeon von der Heide« auftrat. Auf der Terrasse mit zahlreichen Eichen kann man bei Ostwind Gleitschirmfliegern zusehen. Mit den schwierigen Bedingungen vor Ort sind sie vertraut, denn es dürfen nur Mitglieder des hiesigen Vereins starten.

Erreichen lässt sich das Plateau auch per Sesselbahn: Eine Bequemlichkeit, die man sich gönnen sollte, denn es macht Spaß, auf diese Weise den Hang hinaufbefördert zu werden. Und wenngleich der Lift technisch immer auf dem neuesten Stand ist: Für mich ist es eine nostalgische Art des Reisens, denn er wurde 1954 in Betrieb genommen. In 20 Minuten Fahrzeit überwindet er eine Höhendifferenz von 232 Metern. Man gleitet zunächst über einen Rebstock, später über Schiefergestein und Eichenwälder.

Oben angekommen, blickt man auf die größte Rheinschleife des Tals, die daran erinnert, dass der Strom bis zu seiner Begradigung im 19. Jahrhundert ein mäandernder Fluss war. Der nächste Superlativ befindet sich unterhalb des Plateaus: Die *Bopparder Hamm* ist die größte zusammenhängende Weinanbaufläche des Mittelrheins.

Eine hübsche Auswahl an einzigartigen Geschenken findet man bei *Liebig Partie*, Mühltal 1, 56154 Boppard. Das Geschäft befindet sich in 200 Metern Entfernung von der Talstation des Sesselliftes.

24

Le Jardin im Bellevue
Rheinhotel
Rheinallee 41
56154 Boppard
06742 1020
www.bellevue-boppard.de

 # ROMANTISCHER ORT FÜR EINE PAUSE
Gartencafé und -restaurant Le Jardin

Selbstbewusst wirbt Boppard in Tourismusprospekten mit der Bezeichnung »Die Perle am Rhein«. Wenngleich der Slogan meiner Meinung nach auf einige Kommunen zutrifft, so gehört Boppard zu meinen Favoriten. Besonders gut gefällt mir die rund zwei Kilometer lange Uferpromenade mit der schönen Stadtansicht. An warmen Tagen ist sie ein »Hotspot«: Passanten und von Bord gegangene Passagiere der Ausflugsschiffe bevölkern die Wege, Lokale laden zum Verweilen ein.

Gerne bin ich im Gartencafé und -restaurant Le Jardin zu Gast. Von April bis Oktober empfängt es seine Gäste in romantischer Atmosphäre: Schmiedeeiserne Pavillons, Zäune und Sitzgelegenheiten bilden den Rahmen für das unter Kastanienbäumen liegende Areal, das mit mediterranen Pflanzen wie Palmen, Oleander, Geranien und Petunien geschmückt ist. Mehr als 300 Blumen und etliche Girlanden zieren das Lokal; abends leuchten Kerzen und Fackeln. Man kann unmittelbar am Rhein sitzen oder etwas abgeschirmt im hinteren Bereich, wo ich mich gerne aufhalte. Große Kübelpflanzen bilden Separees; zwischen den einzelnen Tischen ist viel Platz, und immer wieder kann man Spatzen und andere Vögel beobachten. Serviert werden Kaffee und Kuchen, kleinere herzhafte Gerichte sowie Salate.

Mit dem Ambiente wird ein Bogen geschlagen zur Ära der Romantik, denn das Haus, zu dem das Lokal gehört, wurde (nach dem Abriss der Vorgängerbauten) 1910 im Stil der Belle Époque errichtet und mit Jugendstilmöbeln ausgestattet. Das *Bellevue Rheinhotel* (französisch für »schöne Aussicht«) erinnert somit an die Zeit, als adlige und wohlhabende europäische Bürger das Mittelrheintal entdeckten. Zwei weitere Restaurants gehören zu diesem Hotel der Vier-Sterne-Superior-Klasse, das in vierter und fünfter Generation von der Inhaberfamilie Gawel geführt wird.

Am nördlichen Ende der Bopparder Uferpromenade wächst die *Alte Linde* von 1871, die wegen ihres Alters ein Naturdenkmal ist (vor Rheinallee 68).

25

Hunsrückbahn-Museum
Bahnhofstraße 5
56281 Emmelshausen
01523 4781641
www.museum.lochris.de
Bitte beachten Sie die aktuellen Öffnungszeiten des ehrenamtlich geführten Museums.

Die Fahrt mit der **Hunsrückbahn** nach Emmelshausen startet am Hauptbahnhof in 56154 Boppard.
0651 970672101
www.hunsrueckbahn.de

HISTORISCHE ERINNERUNGSSTÜCKE
Hunsrückbahn-Museum

Superlative nach dem Prinzip »höher, schneller, weiter« sind normalerweise nichts für mich. Wenn aber ein Unternehmen damit wirbt, in fahrplanmäßigem Takt die steilste Strecke Deutschlands zu befahren, ist meine Neugier geweckt. Die Tour mit der Hunsrückbahn nach Emmelshausen beginnt am Hauptbahnhof im 15 Kilometer entfernten Boppard. Unterwegs sieht man die waldreiche Landschaft und erlebt Werke der Ingenieursbaukunst. Insbesondere der Abschnitt bis Buchholz beeindruckt mich: Der moderne Zug passiert fünf Tunnel, zwei Viadukte und muss einen Höhenunterschied von 335 Metern überwinden (= 60 Prozent Steigung).

In Emmelshausen lohnt ein Besuch des Hunsrückbahnmuseums. Im ehemaligen Bahnhofsgebäude werden ausgediente Ticketschalter, Zugabteile und historische Fotos gezeigt, ferner informiert es über die Geschichte. Initiiert wurde die Linie von einem preußischen Eisenbahndirektionspräsidenten, der in Boppard seinen Ruhestand verlebte. Sie bildete die letzte Etappe einer heute teilweise stillgelegten Nebenstrecke, die einst in Simmern endete und deren Reaktivierung und Fortführung zum Flughafen Hahn viele Bürger befürworten.

Den Rückweg lege ich zu Fuß zurück, denn so erlebt man beide Perspektiven. Der Hunsrückbahnwanderweg führt ab dem Bahnhof Emmelshausen vorwiegend bergab nach Boppard (16 Kilometer). Die Route verläuft parallel zur Bahnlinie und kreuzt diese immer wieder, wodurch sich schöne Ausblicke ergeben. Mein Lieblingshalt ist an der Liesenfeldhütte, von der man das Hubertusviadukt sieht, das mit etwas Glück gerade von einem Zug passiert wird. Bei der Eröffnung der Strecke 1908 galt es als eine der höchsten Steilhochbrücken Deutschlands. Ein beeindruckendes Bauwerk ist es bis heute, mit seinen sechs Bögen, die 50 Meter hoch sind und auf 150 Metern ein Tal überspannen.

Die ehemalige Trasse Emmelshausen–Simmern wurde zum Schinderhannes-Radweg umgestaltet. www.hunsruecktouristik.de

Propsteigarten
Rheinstraße 65
56154 Boppard-Hirzenach
0160 910 523 24 und
06761 9677552 (Elke End)

BLUMEN, BÄUME UND BAROCKBAUTEN
Propsteigarten

Da ich Pflanzen mag und gerne Tiere beobachte, sind Gärten Orte der Wonne für mich. Bekanntermaßen bin ich damit nicht allein: »Urban Gardening« ist ein Trend. Schon im Alten Ägypten sowie bei den Assyrern und Babyloniern gab es Gärten; im Laufe der Zeit waren sie immer wieder Objekte der Betrachtungen von Malern und Schriftstellern. Eine Sonderform waren Klostergärten, Sinnbild des Strebens nach weltlicher Unabhängigkeit und Stätten der inneren Einkehr.

Der Barockgarten von Hirzenach ist ein friedlicher Ort, der aber auch verdeutlicht, warum sich die Bewohner für Flüsterschienen einsetzen: Nicht nur hier braust der Zugverkehr durch das Tal. Zusammen mit den umliegenden Häusern bildet die Grünanlage ein denkmalgeschütztes Ensemble: Im Mittelpunkt steht das imposante rechteckige Propsteigebäude (1716), dahinter die frühere Klosterkirche (1109), links davon die einstige Pfarrkirche (um 1050), die seit 1767 nicht mehr in ihrer ursprünglichen Funktion genutzt wird. Nachdem die Pfarrrechte wegen Baufälligkeit an die Propsteikirche übertragen worden waren, wurde sie zum Wohnhaus umgebaut. Während der Säkularisation wurden Kreuzgang und Klausur der Klosterkirche niedergerissen und das Propsteigebäude zum Wohnhaus umfunktioniert.

Er ist einer der wenigen erhaltenen Klostergärten des 18. Jahrhunderts am linken Ufer des Mittelrheins. Sogar die Buchsbaumhecke stammt teilweise noch aus dessen Anfängen, was im Hinblick auf die Kriege erstaunlich ist. Die Anlage ist auf vier Ebenen parallel zum Fluss angeordnet und in 16 gleich große Felder unterteilt, die an Einheimische verpachtet werden. In der Mitte befindet sich ein Rondell mit Brunnen; eine Aussichtsterrasse und ein Pavillon laden zum Verweilen ein. Kelterhaus und Reben erinnern daran, dass im Kloster Wein hergestellt wurde.

Der Propsteigarten ist nur nach Anmeldung, bei Anwesenheit von Gärtnern oder im Rahmen von Führungen zugänglich.

27

Enges Thürchen
Rheinuferstraße / Bundesstraße 42 in Richtung Braubach
56340 Osterspai

Loreley-Touristik Osterspai
im Dorftreff
Hauptstraße 41
56340 Osterspai
02627 971275
https://osterspai.welterbe-mittelrhein.de

SCHÖN FÜR MENSCH UND TIER
Enges Thürchen

Dieses Gebiet habe ich irgendwann per Zufall entdeckt und seinen Reiz erst auf den zweiten Blick erkannt. Schönheit offenbart sich oft nur dem aufmerksamen Betrachter – das stimmt auch in diesem Fall. Die Besonderheit des Engen Thürchens erschließt sich nur demjenigen, der es in gemäßigtem Tempo erkundet. Es liegt in einer Flusskurve gegenüber der Gemeinde Spay im UNESCO-Welterbe Oberes Mittelrheintal. Oder anders ausgedrückt: zwischen Stromkilometer 576,2 und Stromkilometer 577,7.

Eine mit Steinen künstlich verlängerte Sandbank trennt die Fahrrinne für die Schifffahrt ab und schafft für die Tierwelt einen geschützten Bereich. Die Fläche an Land erinnert im Süden an einen Park; in diesem Bereich und auf der Mole wachsen verschiedene Baumarten und Büsche. Im Norden ist der Grünstreifen schmal und verläuft unmittelbar neben der Bundesstraße 42. Seit 1991 ist das Areal als Naturschutzgebiet ausgewiesen, weil darin Tafelenten, Zwergtaucher, Kormorane und andere Vögel rasten, brüten und überwintern.

Das Gelände ist unter einigen Namen bekannt. *Enges Thürchen* bezeichnete ursprünglich den schmalen Durchlass im Rhein, verursacht durch große Felsen, die ins Flussbett ragten. Später übertrug sich der Name auch auf das Fahrwasser, das in diesem Bereich flach ist. Der Name *Schottel* stammt von einer Untiefe auf der linken Rheinseite, außerdem sind damit die Strömungsverhältnisse gemeint, die heute noch ihre Tücken haben. Wovon sich die Bezeichnung *Osterspaier Ritt* ableitet, ist nicht bekannt.

Im Sommer ist die Sandbank bei Sonnenanbetern beliebt, wobei man aber auf die Tierwelt Rücksicht nehmen muss und der Spitze der Landzunge nicht zu nahe kommen darf. Außerdem ankern dann Boote und Yachten hier. Manchmal werfen Angler ihre Ruten aus; die Erlaubnis erteilt der *Sportfischerverein Osterspai 1977*.

Anschließend lohnt sich ein Besuch im hübschen Fachwerkort Osterspai. Die Nachbargemeinde Filsen lockt außerdem mit ihrem Kirschenpfad, einem zwei Kilometer langen Rundweg.

28

Marksburg
56338 Braubach
02627 536
www.marksburg.de

GUT GESICHERTES BOLLWERK
Marksburg

Wandern im Mittelrheintal tut nicht nur gut, auf diese Weise lernt man auch einige seiner schönsten Seiten kennen – wie die einzige nie zerstörte Höhenburg der Region. Sie liegt unmittelbar am Fernwanderweg Rheinsteig, der von Wiesbaden nach Bonn führt. Je nachdem welche Etappe man wählt, besucht man die Marksburg relativ am Anfang oder gegen Ende der Tour. Sie erhebt sich auf einem Höhenzug oberhalb der Stadt Braubach, von deren Fachwerkgassen aus man zahlreiche Ausblicke auf das Bollwerk genießen kann. Den Kern bildet ein dreieckiges Ensemble mit Innenhof, in dem ein Bergfried angesiedelt ist. Wie bei Burgen üblich, ist das Areal von einem Mauerring umgeben, in dem ein mittelalterlicher Kräutergarten wächst – es ist einer meiner Lieblingsplätze, denn es duftet nach Thymian, Basilikum und seltenen Heilpflanzen. Im Inneren der Anlage befinden sich Rittersaal, Kemenate, Weinkeller und Turmstuben, ferner eine Burgküche sowie ein Saal mit Ritterrüstungen.

Errichtet wurde das Ensemble im 13. Jahrhundert von den Herren von Eppstein zur Sicherung ihrer Territorien, damals eine der mächtigsten Dynastien am Mittelrhein. Vermutlich weil die Burg auf dem 90 Meter hohen Schieferkegel schwer zugänglich war, wurde sie weder während des 30-jährigen Krieges noch im Pfälzischen Erbfolgekrieg zerstört. Im Laufe der Zeit gab es fünf Besitzerwechsel, diverse Umbauten und wechselnde Nutzungsarten. Seit 1900 gehört sie der Deutschen Burgenvereinigung, die sich den Denkmalschutz mittelalterlicher Wehranlagen zur Aufgabe gemacht hat.

Skurril ist, dass Japaner den verputzten Bruchsteinbau als Teil eines deutschen Kulturparks in ihr Land holen wollten. Weil die Idee abgelehnt wurde, existiert auf Miyako Island seit einigen Jahren ein Nachbau mit Blick auf Palmen und Korallenriffe.

Schloss Philippsburg am südlichen Stadtausgang beherbergt das Europäische Burgeninstitut mit öffentlich zugänglicher Bibliothek, Renaissancegarten sowie Winzerkeller mit Terrasse im Schlosshof.

29

Königsstuhl
Waldescher Straße
56321 Rhens
rhens.welterbe-
mittelrhein.de

Touristeninformation am
Erlebnis Rheinbogen
Am Viehtor 2
56321 Rhens
02607 49510
www.erlebnis-
rheinbogen.de

WO REGENTEN GEWÄHLT WURDEN
Königsstuhl

An diesem Ort kann man Geschichte erleben. Jederzeit zugänglich und mit Sitzgelegenheiten versehen, lädt er zu Kommunikation ein. Die Rede ist vom Königsstuhl, einem zweistöckigen Achteckbau aus schwarzen Lavaquadern und Basalt. Eine Treppe führt zu einer Aussichtsplattform, die auf einem offenen Kreuzgewölbe ruht. Ringsum befindet sich ein kleiner Park. Man hat eine gute Sicht auf die schräg gegenüberliegende Marksburg, während Schloss Stolzenfels hinter Büschen versteckt ist. Das Areal ist oberhalb des Rhenser Stadtkerns gelegen, zwischen der Landesstraße in Richtung Waldesch und der unterhalb verlaufenden Bundesstraße.

Der Königstuhl stellt – wie der Name vermuten lässt – einen vergrößerten Thron dar. 1273 trafen in Rhens erstmals vier Kurfürsten zusammen, um die Regentenwahl von Rudolf I. von Habsburg zu besprechen: die Erzbischöfe von Mainz, Trier, Köln und der rheinische Pfalzgraf. Denn hier stießen vier (von sieben) Kurfürstentümer aufeinander: Kurköln (Rhens), Kurmainz (Lahnstein), Kurtrier (Kapellen-Stolzenfels) und die Kurpfalz (Braubach). 1338 gründeten sie den *Churverein zu Rhense*, der die gemeinsame Wahl des römisch-deutschen Königs beschloss und sich päpstliche Einmischung verbat.

1376 erteilte König Wenzel von Luxemburg den Auftrag, ein »steynen gestuel« für künftige Wahlen zu errichten, welches 1398 erstmals urkundlich erwähnt wurde und direkt am Flussufer stand. Mit der Zeit verlor der Bau seine Bedeutung und verwahrloste, die Entscheidungen wurden wieder in Frankfurt getroffen. Im 17. Jahrhundert wurde er zwar restauriert, von Napoleons Truppen aber zerstört und abgetragen. 1841 veranlasste König Friedrich Wilhelm IV. die Neuerrichtung. Seit 1929 steht er an seinem heutigen Standort, wo sich regelmäßig die vier Bürgermeister der genannten Orte treffen.

Die Altstadt von Rhens mit ihrer mittelalterlichen Wehrmauer ist sehenswert.

30

Die **Ruppertsklamm** liegt an der B 260 in Richtung Bad Ems in Lahnstein. Der Eingang befindet sich in der Nähe des ehemaligen Klosters Allerheiligenberg, wo einige Parkplätze vorhanden sind.

Touristeninformation Lahnstein
Kirchstraße 1
56112 Lahnstein
02621 914171
www.lahnstein.de/tourismus

WILDROMANTISCHES ABENTEUER
Ruppertsklamm

Diese Schlucht lernte ich vor einigen Jahren mit einer Wandergruppe kennen. Es war ein warmer Sommertag und der Ausflug war nicht nur schön, sondern auch lehrreich. Denn bis dato wusste ich nicht, dass im Rheinland begehbare Felsdurchbrüche existieren, da ich so was nur aus den Alpen und südlichen Ländern kannte.

Formationen wie diese sind geologische Phänomene und im Laufe von Tausenden Jahren entstanden. Sie zeigen, welche Kraft Fließgewässer haben, Felsen zu durchtrennen. Bei einer Klamm ist der Spalt im Gestein schmal, in diesem Fall ist er teilweise nur wenige Meter breit. Auf dem harten Untergrund des Lahnseitentals wachsen Efeu und Moose, außerdem Bäume, Büsche, Farne. Der unebene Weg schlängelt sich an den Felsen entlang, man hält sich an Seilen fest und geht unmittelbar neben dem Bach, der die meiste Zeit des Jahres wenig Wasser führt. Immer wieder wechselt man auf Stegen oder Furten die Seiten. Auf 1,2 Kilometern sind 235 Höhenmeter zu überwinden – das setzt ein gewisses Maß an Sportlichkeit, gute Wanderschuhe und Trittsicherheit voraus, zumal der Pfad rutschig sein kann. Bei zu viel Nässe ist er nicht empfehlenswert. Die hohen Felsen aus Tonschiefer und Sandstein sowie der Laubwald schaffen ein feucht-schattiges Mikroklima, in dem sich Feuersalamander, seltene Schmetterlinge und viele weitere Arten wohlfühlen. Die Mischung aus Abenteuer und Naturerlebnis gefällt Kindern ab sechs Jahren.

Erschlossen wurde die Route ab 1910 von dem Eisenbahnbeamten Theodor Zais. Sie ist Teil der Rheinsteigetappen 12 und 13; alternativ kann man auch zur *Grillhütte Ruppertsklamm* oberhalb der Felsspalte laufen (eine Stunde). Wer weitere Schluchten kennenlernen möchte: Schön sind auch die Ehrbach- und die Baybachklamm auf der linken Rheinseite sowie die Kreuzbachklamm im Binger Stadtwald.

Die Ruppertsklamm lässt sich auf diversen Rundwanderungen erkunden. Nähere Informationen erhält man bei der örtlichen Touristeninformation.

31

Schloss Stolzenfels
Schlossweg 11
56075 Koblenz-Stolzenfels
0261 51656
www.schloss-stolzenfels.de

SOMMERSCHLOSS EINES KRONPRINZEN
Schloss Stolzenfels

Schloss Stolzenfels ist eine der beliebtesten Sehenswürdigkeiten am Mittelrhein. Aufgrund seines Aussehens und der Geschichte gilt es als Inbegriff der Rheinromantik. Es liegt auf der linken Rheinseite auf einem dem Höhenzug vorgelagerten Fels. Mit seinem siebeneckigen Grundriss ist es der Form des Untergrundes angepasst. Mehrere Gebäude gruppieren sich um einen Innenhof mit Turm; verbindende Elemente der blockartigen, unterschiedlich hohen Einzelbauten sind Rechteckzinnen und eine ringsum verlaufende Mauer. Markanter Blickpunkt ist eine neugotische Kapelle. Mediterranes Flair verströmt ein Pergolagarten mit Adjutantenturm, von dem man eine tolle Sicht auf den gen Norden fließenden Strom hat. Blumenbeete bilden die Form einer gotischen Fensterrose, in deren Mitte ein Brunnen steht. Auch der zum Areal gehörende Landschaftspark von Peter Joseph Lenné, den man auf dem Weg zum Schloss durchquert, greift den Stil der Romantik auf.

Der Ursprungsbau wurde 1242 im Auftrag von Arnold II. von Isenburg, Erzbischof von Trier, errichtet. Er bildete das Pendant zur gegenüberliegenden Burg Lahneck und wurde genutzt, um Rheinzoll einzutreiben. Nach diversen Kriegen zerfiel die Anlage und diente zeitweise sogar als Steinbruch – bis die Stadt Koblenz sie dem späteren König Friedrich Wilhelm IV. schenkte. Dieser ließ aufgrund seiner Begeisterung für den Romantischen Rhein verfallene Burgen zwischen Bingen und Bonn wiederaufbauen.

So erhielt das Schloss sein heutiges Aussehen auf Geheiß von Friedrich Wilhelm IV., der die 1842 fertiggestellte Anlage auf der Ruine der Burg erbauen ließ – nach Skizzen von Karl Friedrich Schinkel, einem der wichtigsten preußischen Hofbaumeister. Das Schloss diente dem damaligen Kronprinzen nebst Ehefrau als Sommerresidenz. Die Einrichtung ist original erhalten.

Zum Stadtteil Stolzenfels führt ein Radweg. Wer die »letzte Meile« zum Schloss durch den Wald zu Fuß zurücklegen möchte, kann sein Fahrrad am Flussufer deponieren.

32

Pfarrkirche Sankt Beatus
Finkenherd 15
56075 Koblenz-Karthause

Pfarramt Sankt Beatus
Werntgenstraße 4
56075 Koblenz-Karthause
0261 56300

GOTTESHAUS IM PFERDESTALL
Pfarrkirche Sankt Beatus

Das Gotteshaus verfügt über einen rechteckigen Grundriss sowie ein Satteldach aus Schiefer. Diese Dachform, bei der die geneigten Seiten im höchsten Punkt aufeinandertreffen, ist in hiesigen Breitengraden die geläufigste; im vorliegenden Fall gibt es Abwandlungen. Im Süden markieren Überstände die Eingänge; im Norden greifen Anbauten die Dachform des Hauptgebäudes auf, sie sind flacher und dienen als Basis für den massiven Turm, der mit einem Walmdach abschließt. Auffällig ist der Minichor am Südende des Langbaus, welcher dem Gebäude eine verspielte Note verleiht. Bogenartige und rechteckige Fenster zeigen grafische Motive sowie stilisierte Blumen im Inneren. Der offene Saal hat eine streng gegliederte Decke mit markanten Stützträgern. Unter dem Turm ist der Altarraum, daneben befinden sich Sakristei und Taufkapelle.

Spätestens beim Anblick des Innenraumes ahnt man, dass die Pfarrkirche ursprünglich eine andere Funktion hatte: Sie wurde als Pferdestall für das preußische Militär genutzt und 1948 als Notkirche eingerichtet. In den 50er-Jahren erhielt sie ihr heutiges Aussehen. Damit verweist sie auf die Geschichte von Koblenz als Garnisonsstadt.

Im 19. Jahrhundert befand sich auf der Karthause – jenem auf dem Berg gelegenen Stadtteil, zu dem der Bau gehört – eine Festungsanlage, deren Schleifung 1922 die Errichtung eines Wohngebietes ermöglichte. Der Name des Viertels geht auf ein Kartäuserkloster zurück, das bis 1802 auf dieser Anhöhe stand. Der Orden verehrte den heiligen Beatus von Trier. Das Löwentor neben dem Gebäude ist als Einziges von der Festungsanlage noch übrig und wird von einem Park umrahmt.

Die Kirche ist zu den Gottesdienstzeiten geöffnet und jeweils eine halbe Stunde davor und danach; die Zeiten kann man beim Pfarramt erfragen. Auch wer sie ohne Messe besuchen möchte, findet dort die richtigen Ansprechpartner.

Kurioserweise verfügt die Kirche über zwei Taufsteine, darunter einen, der dem Architekten Johann Claudius von Lassaulx zugeschrieben wird.

33

Fort Konstantin
Am Fort Konstantin
56012 Koblenz

Informationen und
Buchung:
Pro Konstantin e. V.
Postfach 20 12 03
56012 Koblenz
0261 41347
www.pro-konstantin.de

TEIL EINES VERTEIDIGUNGSWALLS
Historische Anlage Fort Konstantin

Das Areal oberhalb der Stadt ist ein beliebtes Veranstaltungsgelände für Weinfeste, Kunst-Camps sowie für private Feiern. Oberhalb der Innenstadt gelegen, hat man eine Rundumsicht und viel Platz für Geselligkeit. Das monumentale Eckgebäude mit dem vorgelagerten Turm weckte meine Neugier auf den ersten Blick. Städtebaulich gesehen wirkt Fort Konstantin etwas eingepfercht. Der Koblenzer Bahnhof liegt in unmittelbarer Nähe, gleich zwei breite Straßen führen daran vorbei und auf der Rückseite schließt sich eine Wohnbebauung an. Das Grundstück erinnert an ein Kuchenviertel: Flache Gebäude bilden ein Ensemble, dessen Seitenmauern mehr oder weniger parallel zu den Straßen verlaufen – es öffnet sich also zur Stadt hin. An der äußersten Spitze befindet sich ein Turm, der über einen Weg erreicht werden kann. Die Architektur der Anlage und deren Lage auf dem steil abfallenden Berg weisen auf seine ursprüngliche Funktion hin: Potenzielle Angreifer konnten von hier aus gut erspäht und in die Flucht geschlagen werden.

Die Anlage wurde von 1822 bis 1827 als Teil der Festung Koblenz erbaut. König Friedrich Wilhelm III. ließ die Stadt während der Befreiungskriege belagern und erteilte, kurz bevor die Rheinprovinz beim Wiener Kongress an Preußen fiel, den Auftrag für einen Verteidigungswall, um den strategisch wichtigen Zusammenfluss von Rhein und Mosel zu sichern. Das System bestand aus den Stadtbefestigungen von Koblenz und Ehrenbreitstein sowie deren vorgelagerten Bollwerken, die in Sichtweite zueinander lagen. Fort Konstantin sollte eine weitere Wehranlage, die Feste Kaiser Alexander, schützen, mit der es unterirdisch verbunden war. Von ihr ist nur noch das sogenannte Löwentor mit Eisengussdekor erhalten. 1993 gründeten Bürger einen Förderverein, um das Areal vor dem Verfall zu bewahren.

In der Nähe, Löhrstraße 88, befindet sich das Odeon-Kinocenter, wo regelmäßig Opern aus der New Yorker Metropolitan Opera live übertragen werden. Aktuelles Programm unter www.odeon-apollo-kino.de.

34

Metternicher Eule
Landschaftsschutzgebiet
Heyerberg-Kimmelberg
56072 Koblenz-Metternich

**Touristeninformation
Koblenz** im Forum
Confluentes
Zentralplatz 1
56068 Koblenz
0261 1291610
www.koblenz-touristik.de

FRIEDENSDENKMAL MIT WEITBLICK
Metternicher Eule

Dass die Rheinländer ein entspanntes Verhältnis zur Obrigkeit mit ihren Machtsymbolen haben, zeigt sich an diesem Denkmal. Denn was die Metternicher an eine Eule erinnert, ist in Wahrheit ein Adler. Dieser sitzt auf einem Steinpfeiler am Rand des 75 Meter hohen Kimmelbergs zwischen den Koblenzer Stadtteilen Metternich und Güls. Er ist umgeben von weitläufigen Acker- und Weideflächen, Obstwiesen, Baumalleen und Wäldern, in denen Traubeneichen wachsen. Wegen seiner landschaftlichen Vielfalt und des Erholungswertes ist das Areal als Landschaftsschutzgebiet anerkannt. Die Metternicher nutzen es zum Grillen oder Spazierengehen. Der fünf Kilometer entfernte Rhein lugt nur durch dichtes Gebüsch hervor. Besser lässt sich die Mosel erahnen, die unmittelbar in einer Schleife vorbeifließt.

Vom Rand des Kimmelbergs führt eine Freitreppe zur Eule hinauf. Auf einem stufenartig erhöhten Viereck steht der Sockel mit dem Adler aus Vulkangestein. Alle vier Seiten des Fundaments sind mit Inschriften versehen. Seit der Umwidmung zum Friedensdenkmal erinnern sie an jene Soldaten, die in der Leipziger Völkerschlacht, in den Kriegen, die zur Gründung des Deutschen Reiches führten, und in den Weltkriegen des 20. Jahrhunderts starben; zuvor hatte es ihre Heldentaten gerühmt.

Errichtet 1913, wurde es von Max Weidtman finanziert, der in der damaligen Kolonie Deutsch-Südwestafrika reich geworden war: Nachdem Arbeiter beim Eisenbahnbau Diamanten gefunden hatten, erwarb er mit Partnern die regionalen Schürfrechte. Nach seiner Rückkehr ließ er in Metternich ein Anwesen umbauen, das er mit Frau und zwei Kindern bewohnte. Zum Komfort gehörte ein Westernwindrad für die autarke Wasserversorgung, das für Veranstaltungen gemietet werden kann. Die ehemalige Villa wird seit 1950 von den Schönstatt-Schwestern bewohnt.

Park und Kapelle der Schönstätter Marienschwestern – an der Trierer Straße 388 in etwa einem Kilometer Entfernung – sind öffentlich zugänglich und laden mit ihrer ruhigen Atmosphäre zur Erholung ein.

35

Basilika Sankt Kastor
Kastorhof 4
56068 Koblenz
www.sankt-kastor-
koblenz.de

Informationen:
**Katholische Pfarr-
gemeinde Liebfrauen**
Florinspfaffengasse 14
56068 Koblenz
0261 31550

WO WELTGESCHICHTE GESCHRIEBEN WURDE
Basilika Sankt Kastor

Am liebsten nähere ich mich der Kirche über den nördlichen *Blumenhof* mit seinen farbenfrohen Blüten und den Fontänen, die Kindern bei Hitze eine willkommene Abkühlung bieten, oder über den im Süden angesiedelten *Paradiesgarten*, der mit seiner klaren Struktur und den gedämpften Farben Ruhe vermittelt. An der Rheinseite der Kirche befindet sich die Talstation der Seilbahn, die das linksrheinische Ufer mit der Festung Ehrenbreitstein verbindet. Die Basilika liegt in Laufnähe zum Deutschen Eck, wo Rhein und Mosel aufeinandertreffen.

Geweiht um 836, geht das heutige Aussehen der dreischiffigen Basilika mit Querschiff und halbrunder Apsis auf das 12. und 19. Jahrhundert zurück. Sowohl West- wie Ostseite werden von Türmen flankiert. Der Rundchor verfügt über eine Zwerggalerie mit 21 Säulenarkaden. Im Inneren gefallen mir am meisten das Epitaph für Ritter Friedrich von Sachsenhausen nebst Ehefrau mit seiner Detailtreue sowie die zwei spätgotischen Sterngewölbe. Erzbischof Hetti von Trier ließ die Kirche mithilfe Kaiser Ludwigs des Frommen errichten, nachdem die Reliquien des heiligen Kastor nach Koblenz gebracht worden waren.

Die Kirche steht auf einem Areal, das bereits Römer und Franken genutzt hatten. Im Mittelalter war sie kulturelles und religiöses Zentrum der Stadt. 842 ließ Ludwig der Fromme, Nachfolger von Karl dem Großen, hier die Aufteilung des Frankenreiches verhandeln, die im Vertrag von Verdun festgehalten wurde. 1216 siedelten sich die Ritter des Deutschen Ordens auf dem Gelände an. Mit der Ernennung zur *Basilica minor* erkannte Papst Johannes Paul II. die historische Bedeutung der Kirche an. Für mich ist es eines der schönsten Gotteshäuser der Zweiflüssestadt Koblenz: ein Kleinod an einer rundum sehenswerten Landzunge mit Blumenanlagen, Flaniermeilen und Gastronomiebetrieben.

Ein Spaziergang durch die Kaiserin-Augusta-Anlagen zum Kurfürstlichen Schloss mit Garten und Café ist immer wieder schön.

36

Rhein-Museum
Charlottenstraße 53a
56077 Koblenz-Ehrenbreitstein
0261 703450
www.rhein-museum.de

DER FLUSS IN SEINER VIELFALT
Rhein-Museum

Gleich drei Museen in der kurfürstlichen Residenz- und preußischen Festungsstadt befassen sich mit jenem Strom, der Thema dieses Buches ist – und alle sind sehenswert: Im Romanticum, das sich im Forum Confluentes befindet, steht das UNESCO-Welterbe Kulturlandschaft Oberes Mittelrheintal von Bingen bis Koblenz im Zentrum. Besucher unternehmen an Bord eines virtuellen Dampfschiffes eine Reise und erfahren viel über die Epoche der Rheinromantik. Das Mittelrhein-Museum zwei Stockwerke darüber legt den Fokus auf Kunst: Gezeigt werden Gemälde, Fotografien und Skulpturen von schöpferischem Wert, die einen Bezug zur Region haben. Der Kreis schließt sich mit dem privaten Rhein-Museum in Ehrenbreitstein, bei dessen Besuch man die Bedeutung des Flusses versteht: Er prägt die Landschaft, ist Wirtschaftsfaktor für das Tal und Lebensader für ganze Berufszweige. Wäscherinnen, Fischer, Schiffs- und Fährleute übten ihre Tätigkeiten am und auf dem Strom aus.

In der Ausstellung wird ausgehend von der Zeit der Neandertaler der Bogen bis in die Gegenwart gespannt.

Wer sich für Technik und Wirtschaftsgeschichte interessiert, erfährt, welche Verkehrsmittel und Brücken es einst auf dem Rhein gab, wie der Fluss zur Wasserstraße ausgebaut wurde, wie sich die Schifffahrt entwickelte und vieles mehr. Auf 1.400 Quadratmetern werden etliche Modelle und Objekte ausgestellt, darunter Dieselmotoren, Dampfmaschinen, der Steuerstand eines Binnenschiffes und ein versunkenes Boot aus dem 17. Jahrhundert, das in Ehrenbreitstein geborgen wurde. Da die Grenzen fließend sind, erfahren Besucher auch Interessantes zu den Themen Rheinromantik und Tourismus. Der dreigeschossige Backsteinbau steht vor einer Kaimauer des ehemaligen Ehrenbreitsteiner Hafens und neben einem Verladekran aus dem 20. Jahrhundert.

Das Mutter-Beethoven-Haus befindet sich in der Nähe: Wambachstraße 204, 56077 Koblenz. Im Anschluss an die Museumsbesuche kann man mit der Fähre nach Ehrenbreitstein übersetzen und am Rhein einkehren.

37

Festung Ehrenbreitstein
56077 Koblenz-Ehrenbreitstein
www.diefestungehrenbreitstein.de

Informationen:
Generaldirektion Kulturelles Erbe Rheinland-Pfalz
Besucherbüro
Festung Ehrenbreitstein
Greiffenklaustraße
56077 Koblenz
0261 66754000

KUNST UND KULTUR STATT KANONEN
Festung Ehrenbreitstein

Wenn man diese historische Stätte besichtigt, ist schon die Anreise ein Erlebnis. Zwei Anfahrtswege stehen zur Wahl: Bei der Fahrt mit der Seilbahn (Talstation neben der Basilika Sankt Kastor) kommt man in den Genuss, das mehr als 2000 Jahre alte Koblenz von oben zu sehen. Bestens im Blick hat man dabei das Deutsche Eck, wo die Mosel in den Rhein fließt – hierdurch erhielt die Stadt ihren Namen (lateinisch »confluentes« = »die Zusammenfließenden«). Ungewöhnlich ist auch die Fahrt mit dem Schrägaufzug von der Talstation in Ehrenbreitstein zum Felsplateau. Das Gefährt bewegt sich auf Schienen, die – wie bei Monorackbahnen – in den harten Untergrund gehauen wurden, und bietet dank großer Fenster Rundumsicht.

Auf Luftbildern erinnert das einstige Militärgelände an einen halben, vierzackigen Stern, dessen Mitte an der Abbruchkante des Felsens parallel zum Rhein verläuft. Europaweit ist Ehrenbreitstein eine der größten Festungsanlagen, die zudem fast vollständig erhalten ist. Die ehemaligen Schutzbauten werden heute unterschiedlich genutzt: Vier Häuser, die auf dem Areal verteilt sind, zeigen Sammlungen des *Landesmuseum Koblenz:* Fotografie, Archäologie, Wirtschafts- und Kulturgeschichte von Rheinland-Pfalz sowie Weinbau. Ein weiterer Teil beherbergt eine Jugendherberge. Eine Falknerei und ein Kletterspielplatz machen Kindern Freude. Außerdem sind eine Aussichtsplattform und Gastronomie mit Fernsicht auf dem Gelände angesiedelt. Die Festung Ehrenbreitstein gehörte zu einem Verteidigungsring, der im 19. Jahrhundert auf Geheiß von König Friedrich Wilhelm III. errichtet wurde, um den strategisch wichtigen Zusammenfluss von Rhein und Mosel zu sichern. Bereits um 1000 nach Christus befand sich an gleicher Stelle eine Burg, die im 16. Jahrhundert zum Schutzwall ausgebaut wurde.

Mit einem Audioguide kann man das Areal individuell besichtigen. Der 50er-Jahre-Garten der *Wohnung Suderland* erinnert daran, dass sich nach dem Krieg auf der Festung Familien ansiedelten.

38

Evangelische Kirche Koblenz-Metternich
Trierer Straße 141
56072 Koblenz

Informationen:
Evangelische Kirchengemeinde Koblenz-Lützel
Moselring 2–4
56068 Koblenz
0261 4040326
www.kirche-luetzel.de

EIN GOTTESHAUS FÜR ZIEGLER
Evangelische Kirche Koblenz-Metternich

Wenn man nur flüchtig hinschaut, könnte man die Evangelische Kirche Koblenz-Metternich, auch Zieglerkirche genannt, für ein extravagantes Wohngebäude halten, das an eine Burg erinnert. Die Turmspitze ziert eine Kugel (kein Kreuz, keine Wetterfahne). Der Saalbau schließt mit einem Satteldach ab, über dessen Eingang sich ein Holzvorbau befindet. Die Fassaden beider Gebäudeteile zeichnen sich durch Rundbogenfenster, Friese und Mauervorsprünge aus. Ein besonderer Hingucker ist das Vierpassfenster in der Mitte des Turmes.

In den 1890er-Jahren wurde der Putzbau für Arbeiter aus Lippe errichtet, die als Saisonkräfte in den umliegenden Ziegeleien Lehm zu Ziegelsteinen verarbeiteten. Fern von ihren Familien lebten die Arbeiter jedes Jahr von Frühjahr bis Herbst in einfachen Massenunterkünften, weil es im Fürstentum Lippe aufgrund der gängigen Erbregelung viel Armut gab. In Koblenz wurde ihre Arbeitskraft benötigt, weil viele Häuser gebaut wurden: Nach der Reichsgründung (1871), dem Schleifen der Festungsanlagen und Niederreißen einiger Stadttore zogen viele Menschen hierher. Um den Zieglern einen Ort für ihre geistige und seelische Stärkung zu bieten, wurde die Kirche erbaut, an deren Finanzierung sich die (damals in Koblenz lebende) Kaiserin Augusta von Preußen beteiligte, obwohl Metternich erst 1907 nach Koblenz eingepfarrt wurde.

Innen präsentiert sich die Kirche mit offenem Dachstuhl, Parkettboden und Holzstühlen; wie außen ist der Ziegelsteincharakter deutlich erkennbar. Nach rheinischer Manier wird sie im Volksmund ironisch »Dömche« genannt. Ihre Existenz erinnert an eine Zeit des Umbruchs, als hier die erste Straßenbahn entlangfuhr und die »Metternicher Eulen« nicht mehr stundenlang zu ihren Arbeitsplätzen in den umliegenden Ringofenziegeleien laufen mussten.

Das oftmals karge Leben der Zieglerfamilien beschrieben Clara Viebig in Das Weiberdorf *(1900) und Wilhelm Schmidtbonn in* Hinter den sieben Bergen *(1903).*

39

Standortübungsplatz Koblenz-Schmidtenhöhe
Auf der Horchheimer Höhe
56076 Koblenz-Horchheim

Parkplatz an der Panzerwaschanlage. Nach 400 Metern beginnt der Rundweg über den Übungsplatz.

Romantischer Rhein Tourismus GmbH
An der Königsbach 8
56075 Koblenz
0261 9738470
www.romantischer-rhein.de

HEIM FÜR FAUNA UND FLORA
Ehemaliger Standortübungsplatz Koblenz-Schmidtenhöhe

Durch einen Bericht der ARD-Tagesthemen bin ich auf die Schmidtenhöhe aufmerksam geworden. Thema war die Entwicklung des ehemaligen Panzerübungsplatzes zum Naturschutzgebiet. Anstelle von Kriegsmaschinerie ein Lebensraum für seltene Tiere und Pflanzen – das wollte ich mir ansehen. Denn die Kettenfahrzeuge haben eine wüstenähnliche Landschaft geschaffen, die mit ihren Schlammlöchern und Geröllpisten ideale Lebensbedingungen für bedrohte Tier- und Pflanzenarten bietet. So gehören die auf der Schmidtenhöhe vorkommenden Amphibien-, Fledermaus- und Vogelarten zu den seltensten Gattungen in Europa. Einzigartige Orchideen wachsen dort, wie das *Übersehene Knabenkraut,* das nur an zwei Stellen in Rheinland-Pfalz gedeiht.

Seit 1937 war die Fläche Übungsplatz der Armee, zunächst abwechselnd von der Wehrmacht und den Franzosen, bis 1992 von den Panzerbataillonen der Bundeswehr. Längst ist ein Teil als Naherholungsgebiet freigegeben, die Schießanlage dient weiterhin militärischen Zwecken. Jedes Jahr organisieren die Freunde militärhistorischer Oldtimer ein Treffen, bei dem mehrere Hundert geländetaugliche LKWs, Militärfahrzeuge und Jeeps über das Terrain fahren. Damit tragen sie zum Erhalt der Landschaftsform bei und handeln folglich im Sinne des Naturschutzes.

Weil durch den Rückzug der Panzer auf dem vom Naturschutzbund betreuten Gelände vor Jahren eine Verbuschung drohte, die der Artenvielfalt im Wege gestanden hätte, leben auf den Wiesen 50 Taurusrinder und 15 Wildpferde. Sie fressen einige Brombeerbüsche, Schlehen und Gehölze. Da jedes Tier rund zwei Hektar zur Verfügung hat (im Vergleich zu einem Hektar für fünf erwachsene Rinder auf einer normalen Viehweide), bleiben einzelne Pflanzen stehen und samen aus. Das Nahrungsangebot ist ein weiterer Grund für die Diversität.

Das Gelände kann auch mit Kindern erkundet werden (Weglänge: 1,1 Kilometer oder 5 Kilometer). Hunde sollten angeleint werden; der Querweg durch die Weideflächen ist für Vierbeiner verboten.

40

Kletterwald Sayn
Im Brexbachtal
56170 Bendorf-Sayn
02622 9869260
www.kletterwald-sayn.de

ERINNERUNG AN TARZAN UND JANE
Kletterwald Sayn

Seit einigen Jahren liegen Klettergärten voll im Trend. Bundesweit bieten Hunderte solcher Anlagen Naturerlebnisse in Wäldern, an Seen oder am Meer. Wer sich der Herausforderung eines solchen Besuches stellt, lotet spielerisch seine Grenzen aus und kommt der Natur dabei so nah wie bei wohl kaum einem anderen Sport. Ich genieße es, mit Karabinern gesichert über Stahlseile, Netze oder Baumstämme zu balancieren, meterweit durch die Luft zu fliegen oder mich an Tauen von einem Baum zum nächsten zu hangeln. Es gehört Mut dazu, denn man befindet sich die ganze Zeit mehrere Meter über dem Erdboden. Mitarbeiter des Kletterwalds weisen vor dem Beginn des Abenteuers in die Sicherheitstechnik ein und sind zur Stelle, wenn Gäste aus der Luft geholt werden wollen.

Dass jeder Kletterwald unterschiedlich schwierig ist, merke ich schnell. Ich soll über besonders wacklige Steigbügel balancieren oder mich über Kreuz an einem Seil entlanghangeln, das mit Hindernissen versehen wurde – eine Geduldsprobe. Elf von zwölf Pfaden enden mit Seilbahnen, der *Grand Canyon Swing* mit einem Sprung aus 25 Metern Höhe. Wer sich auf instabilem Terrain (noch) unsicher fühlt, kann sich von einem Privattrainer unterstützen lassen, der bei Bedarf Tipps gibt oder Mut zuspricht. Insgesamt bietet der Kletterwald Sayn seinen Besuchern 17 Parcours, die alle mit Hinweisschildern versehen sind zu Schwierigkeit, Dauer der Begehung und Mindestalter. Darunter befinden sich auch einige Pfade, die für Kinder ab sechs Jahren ausgewiesen sind. Regelmäßig werden besondere Veranstaltungen organisiert, wie das Vollmondklettern, das ich gerne mal erleben möchte. Außerdem gibt es spezielle Angebote für Unternehmen und Schulklassen.

In der Nähe befindet sich die Abtei Sayn, die mit ihrem Kreuzgang ein architektonisches Juwel ist.

41

Garten der Schmetterlinge
Im Fürstlichen Schlosspark
Koblenz-Olper-Straße 159
56170 Bendorf-Sayn
02622 15478
www.sayn.de/garten-der-schmetterlinge

FÜRSTLICHES HEIM
Garten der Schmetterlinge

Schmetterlinge sind verletzlich, oft farbenfroh und mit charakteristischen Rückenzeichnungen versehen. Sie gehören zu den wenigen Tierarten, die fast weltweit vorkommen. Aufgrund ihrer Metamorphose vom Ei zur Raupe und schließlich zum Falter, der nur kurz auf der Erde weilt, gelten sie als Symbole für Vergänglichkeit und Wiedergeburt. Vielfach haben sie Spuren hinterlassen in unserer Sprache, Kunst, Dichtung und Musik, wie in *Der Schmetterling* (1802) von Friedrich Schlegel. Es ist ein Vergnügen, zu beobachten, wie sie sich an Blütennektar laben oder durch die Luft schweben. Weltweit sind bisher 170.000 Arten bekannt. Im Rahmen der Evolution haben die Falter vielfältige Methoden entwickelt, um sich vor Fressfeinden zu schützen: Sie tarnen sich wie ein vertrocknetes Blatt, täuschen durch auffällige Färbung Giftigkeit vor oder erinnern mit ihren Zeichnungen an Tieraugen.

Gegründet wurde der Garten von Fürst Alexander und Fürstin Gabriela zu Sayn-Wittgenstein-Sayn. Die Insekten stammen aus tropischen Zuchtbetrieben, wo Weibchen die befruchteten Eier auf Pflanzen ablegen, die die geschlüpften Raupen dann fressen. Nach dem Verpuppen werden sie exportiert. Pro Woche liefern die Züchter 300 Tiere, sichern so ihren Lebensunterhalt und erhalten den Regenwald, weil sie nicht zur Rodung gezwungen sind, um ihre Familien zu ernähren. Im feucht-warmen Klima der Sayner Schlossparkpavillons fühlen sich ferner Ananasgewächse, Farne, Palmen und Blühpflanzen sowie Zierfinken, Zwergwachteln, Schildkröten und Grüne Leguane wohl.

Die meisten Schmetterlinge leben drei Wochen und ernähren sich von Blütennektar; einige Spezies bevorzugen gärenden Obstsaft. Die Fürstin möchte Besucher ermuntern, sich für heimische Falter einzusetzen: Sie findet, jeder könne auf seinem Balkon oder im Garten etwas tun.

Am Garten der Schmetterlinge startet der Rundweg *Traumpfädchen Sayner Aussichten* (6 Kilometer), den man auch gut mit Kindern gehen kann.

42

Sayner Hütte
In der Sayner Hütte (Anfahrt über Althansweg)
56170 Bendorf-Sayn
02622 9042704
www.saynerhuette.org

SYMBOL DER FRÜHINDUSTRIE
Sayner Hütte

Die Sayner Hütte ist heute wohl genauso bekannt wie zu ihren Blütezeiten. Sie liegt in einem engen Bachtal in Richtung Westerwald. Hinter dem Areal erheben sich die Ausläufer des Sayner Burgberges. Mehrere Gebäude gruppieren sich um eine dreischiffige Basilika mit erhöhtem Mittelbau, die auf einer Gusseisenkonstruktion ruht. Dass die Gießhalle auf einer Fläche von 24 mal 43,30 Metern in Längs- und Querrichtung freitragend ist, macht sie zu einem Wahrzeichen der Ingenieursbaukunst. Rund sechs Meter hohe Säulen bilden ein Tragwerk ohne Nieten und Schrauben und erfüllen zugleich höchste ästhetische Ansprüche. Die Fassade greift mit ihren geschwungenen Bögen ein Element der Neugotik auf. Das Werk ist ein Symbol frühindustrieller Serienproduktion, denn für das Tragwerk verwendete man erstmals vorgefertigte Bauteile (aus eigener Herstellung).

Ursprünglich gab es in Bendorf etliche Hütten; Funde belegen, dass bereits die Römer hier Metall verarbeiteten. Große Eisenerzvorkommen, Wald und Wasser lieferten ideale Voraussetzungen. Kurfürst Clemens Wenzeslaus ließ 1769 die Sayner Hütte errichten. Von 1815 bis 1865 gehörte sie zu Preußen; in dieser Zeit wurden ein (längst ersetzter) Schrägaufzug für die Festung Ehrenbreitstein gefertigt, der Proviant und Baumaterialien beförderte; ferner Rohre, Kanonen und Munition für das Koblenzer Verteidigungssystem. Das Sayner Werk war eine der drei Königlich Preußischen Eisengießereien und für die Fertigung von Alltagsgegenständen wie Treppengeländer, Öfen, Töpfe bekannt, vor allem aber für filigranen Eisenkunstguss (Schmuck, Medaillen).

1865 verkaufte Preußen die Produktionsstätte an die Firma Krupp, 1926 wurde sie geschlossen, weil sie abseits günstiger Transportwege lag. Heute wird der beeindruckende Bau auch für Kulturveranstaltungen genutzt.

Filigrane Kunstwerke der Sayner Hütte präsentiert das *Rheinische Eisenkunstguss-Museum* (Abteistraße 1, 56170 Bendorf-Sayn, 02622 902913).

43

Silbersee
Schimmelsberger Weg 105
56566 Neuwied-Engers
02622 3520
www.silbersee.de

ÖKOLOGISCHE KÜNSTLEROASE
Silbersee

Dass man am Silbersee neben Flora, Fauna auch Kunst erlebt, macht ihn zu etwas Besonderem. Immer wieder stößt man auf Kreationen, die aus Baumstämmen oder Bauschutt geschaffen wurden. Mal sieht man einen Iglu mit Sitzgruppe im Miniformat, mal bilden alte Steine, Säulenfragmente und Fenstersimse das Fundament einer Burgruine. Beispiele dieser Art gibt es viele und originell sind sie alle, etliche zudem humorvoll. Besonders gefallen mir das Baumstamm-Krokodil, das sich ins Wasser schlängelt, und die ausgediente Betontreppe, die das Prachtkleid eines Pfaus darstellt.

Inhaber Werner Scheidweiler hat Trockenmauern für Eidechsen und Lehmwände für Uferschwalben gebaut, Flachwasserzonen für Frösche und Kröten angelegt, Büsche und Bäume gepflanzt. Möglichst viele Kleinbiotope möchte der Mitgründer vom *Kunstkreis 75 Engers* schaffen, um, wie er sagt, der Natur einen Teil zurückzugeben, was wir durch Ausbeutung kaputt machen. Auf dem fünf Hektar großen Gelände leben unter anderen Kuckuck, Nachtigall und Pirol, Eisvogel, Rabe und Reiher, Schildkröte und Nutria. Es befindet sich in der Rheinaue, gegenüber vom Vogelschutzgebiet Urmitzer Werth.

Bis 1989 war das Areal, das seit 1875 in Familienbesitz ist, eine Kiesgrube. Zuvor befanden sich hier Ackerflächen. Werner Scheidweilers Großvater, ein Landwirt, stieß um 1900 bei der Feldarbeit auf Kies, sodass er fortan ein Fuhrunternehmen im Nebenerwerb führte. 1938 stieg die Nachfrage an, da das Material für die Errichtung zahlreicher Kasernen in Koblenz benötigt wurde und in den Nachkriegsjahren für den Wiederaufbau. Der Niedergang begann mit dem Rheinhochwasser von 1983, das den Maschinenpark zerstörte, und wurde mit einem behördlichen Verbot des Kiesabbaus besiegelt. Seitdem hat sich der Silbersee zu einem Eldorado für Mensch und Tier gewandelt.

Das Gelände ist gegen eine geringe Gebühr zugänglich (Tageskarten unter 02622 3520). Parken Sie in Nähe der Straßen Im Elm und Coloniastraße und gehen Sie via Schimmelsberger Weg zum See (Parken dort verboten).

44

Kirche der Herrnhuter Brüdergemeine
Friedrichstraße
56564 Neuwied
02631 899820
(Pfarrbüro)
www.ebg-neuwied.de

GEMEINSCHAFT STATT PRUNK
Kirche der Herrnhuter Brüdergemeine

Mein erster Kontakt mit dieser evangelischen Freikirche war, als ich im Anglistikstudium eine Seminararbeit über die (aufgrund von Mission) weltweit ansässige Gemeinschaft schrieb. Später besuchte ich eine Siedlung in Dänemark und unterhielt mich mit meinen Eltern über das 1722 von Glaubensflüchtlingen gegründete Herrnhut in Sachsen. Den *Herrnhuter Stern,* den sie einst von dort mitbrachten, hängen sie seitdem im Advent auf – wie landauf, landab so viele.

Dass die *Herrnhuter Brüdergemeine* in Neuwied sehr präsent ist, finde ich interessant. Ihr Viertel befindet sich im Stadtzentrum; es ist ein Karree aus Straßen und einer Fußgängerzone. In der Mitte einer pastellfarbenen Häuserzeile steht die Kirche, die sich von der Umgebung wenig abhebt: Mit Dachreiter, Rundbogenfenstern und einer größeren Grundfläche ist sie aber erkennbar. Innen ist der lichtdurchflutete Raum mit Empore in Weiß gehalten; den Altar bildet ein Tisch, der zu Gottesdiensten mit einem Aufbau versehen wird. Prunk findet man nicht: Ihnen geht es seit jeher nur um den Glauben. Und um ein soziales Miteinander: Daher bezieht sich das Wort »Brüdergemeine« auf ihre Gemeinschaft und schreibt sich ohne »d«.

1750 kamen 42 Herrnhuter an den Rhein, weil ihnen Glaubensfreiheit zugesichert worden war. Es entstanden zahlreiche Handwerksbetriebe, die Neuwied wirtschaftlichen Aufschwung bescherten; die Internate für Mädchen und Jungen waren die ersten höheren Schulen der Stadt und wurden von Schülern aus England, Frankreich und der Schweiz besucht. Gegenwärtig zählt die Neuwieder Gemeinschaft 200 Mitglieder, wobei sich viele auch der evangelischen Nachbargemeinde verbunden fühlen. Diese Regelung ist möglich, weil die *Herrnhuter Brüdergemeine* die einzige Freikirche ist, die von den evangelischen Landeskirchen voll anerkannt wird.

Die Städtische Galerie in der ehemaligen Mennonitenkirche erinnert daran, dass sich im 17. Jahrhundert eine weitere Glaubensgemeinschaft in Neuwied ansiedelte, die Mennoniten.

45

Abtei Rommersdorf
Stiftsstraße 2
56566 Neuwied
02622 837365
www.abtei-rommersdorf.de

AUSSERGEWÖHNLICHES KULTURDENKMAL
Abtei Rommersdorf

Als ich das Ensemble, zu dem die Abtei gehört, zum ersten Mal durch das Haupttor betrat, schien es mir fast, als wäre ich in vergangene Zeiten zurückversetzt worden, denn es ist in seinem Gesamtgefüge erhalten. Rechterhand sieht man die Kirche mit ihrem Turm und den ehemaligen Klostergebäuden, in deren Mitte sich der Kreuzgang mit Apothekergarten befindet und an die sich ein englischer Landschaftspark anfügt. Links schaut man auf die Orangerie mit Café-Restaurant und französischem Garten, in dem Rosen, Lavendel und weitere Blumen einen zarten Duft verströmen. An den Rändern des Geländes sind ein Gutshof und eine Gärtnerei angesiedelt. Das Kulturdenkmal liegt am gemächlich fließenden Heimbach im gleichnamigen Ortsteil von Neuwied, an der Grenze zum Naturpark Rhein-Westerwald. Es begeistert mich mit seiner Vielfalt: Hier vereinen sich Kultur, Spiritualität, Natur und Genuss – und die Baustile Romanik, Gotik und Barock.

Gegründet wurde die Abtei 1117 von Benediktinern, die sie bald wieder verließen. 1135 wurde sie von Prämonstratensermönchen der belgischen Abtei Floreffe neu besiedelt, die dem Kloster in den folgenden 650 Jahren zu wirtschaftlicher Blüte verhalfen und es zu einem regionalen Mittelpunkt geistlichen Lebens ausbauten. Von Kriegen, Bränden und Verwüstungen blieb auch dieser sakrale Ort nicht verschont, der nach der Säkularisation an die Fürsten von Nassau-Usingen, dann an Preußen und schließlich in den Besitz einer Bürgerinitiative überging, die für seinen Erhalt eine Stiftung gründete. Sie ließ das verfallene Areal wiederaufbauen, sodass Refektorien, Orangerie und Abtei heute beliebte Stätten für Konzert- und Kulturveranstaltungen sowie für Feiern und Tagungen sind. Weithin bekannt sind die jährlich organisierten Kreuzgangkonzerte.

Weitere Veranstaltungen in der Abtei sind unter anderem *Rommersdorf Festspiele, RheinVokal,* Weihnachtsmarkt. Von Ostern bis Allerheiligen werden Führungen angeboten, außer an Veranstaltungstagen.

46

Archäologisches Forschungszentrum und Museum für menschliche Verhaltensevolution
Schloss Monrepos
56567 Neuwied
2631 97720
www.monrepos-rgzm.de

WIE WIR WURDEN, WAS WIR SIND
Archäologisches Museum

Den Namen »Monrepos« (französisch für »meine Ruhe«) wählten Regenten und Adlige gerne für ihre Schlösser und Herrenhäuser. Damit wiesen sie auf die Funktion ihrer Rückzugsorte hin sowie auf deren abgeschiedene Lage in idyllischen Landschaften. Das gilt auch für diesen Landsitz: Inmitten des Naturparks Rhein-Westerwald gelegen, bieten sich auch heute noch rundherum viele Möglichkeiten zum Wandern. Das Archäologische Museum befindet sich in einem Witwensitz von 1909, der heute Schloss Monrepos genannt wird. Das eigentliche Schloss war eine Sommerresidenz, die die Fürsten von Wied im 18. Jahrhundert hier errichten ließen; sie brannte 1969 ab. In dem heutigen Schloss befindet sich neben dem Museum eine Forschungsstätte zur Entwicklung des Menschen.

Beginnend mit der Altsteinzeit vor 2,5 Millionen Jahren werden Fragen der Verhaltensevolution untersucht wie: »Woher kommt unser Ehrgeiz?«, »Warum bildete sich der Gemeinschaftssinn heraus?«, »Welche Jagdstrategien hatten unsere Vorfahren?« – und anhand archäologischer Funde beantwortet. Umwerfend fand ich zudem die Darstellung früher Kunst. Die Höhlenmalereien der *Grotte Chauvet* in Südfrankreich entstanden in zwei Etappen vor 25.000 bis 35.000 Jahren und beeindrucken mit Ästhetik, Anmut, Detailtreue. Gezeigt wird ein Ausschnitt der lebendig wirkenden Tierdarstellungen, um die Fertigkeit der Künstler zu dokumentieren. Ausführlich werden hingegen die Funde von Neuwied-Gönnersdorf präsentiert: Von ihren Streifzügen durch die Mammutsteppe, die sich von der Iberischen Halbinsel bis Russland erstreckten, brachten die Bewohner Souvenirs mit. Überhaupt erkennt man vieles, was unseren heutigen Verhaltensweisen und Gewohnheiten ähnelt, wie die Betonung der Persönlichkeit durch Schmuck und Tattoos.

Im Anschluss an den Rundgang lohnt ein Besuch des hauseigenen Bistros, das einen Einblick in die Ernährung der frühen Menschen vermittelt – angepasst an den heutigen Geschmack.

47

Essbare Stadt Andernach
Stadtmauer im Schlossgarten
56575 Andernach

Über weitere Orte der Essbaren Stadt informiert die
Touristeninformation
Konrad-Adenauer-Allee 40 (im Geysir-Zentrum)
56626 Andernach
02632 9879480
www.andernach-tourismus.de

EINE NACHHALTIGE IDEE
Essbare Stadt Andernach

Früher sah man auf öffentlichen Grünflächen Schilder mit der Aufschrift: »Betreten verboten!«. Dass sich das ändert, liegt vermutlich (auch) an der Rheinstadt Andernach, wo Bewohner und Besucher eingeladen sind, Obst, Gemüse und Blumen für ihren persönlichen Bedarf zu pflücken. Jedes Jahr steht eine andere Art im Fokus, von der seltene Sorten angepflanzt werden. Seit 2010 wachsen rings um die mittelalterliche Stadtmauer abwechselnd Tomaten, Möhren, Bohnen, Kürbisse, Erdbeeren, Küchenkräuter, Schnittblumen und mehr. Sogar ein Miniweinberg mit Rebsorten, die zum sofortigen Verzehr geeignet sind, gehört dazu. Außerdem wurden 40 Kübel mit essbaren Pflanzen in der Fußgängerzone, am Rathaus, auf dem Marktplatz und am Rhein aufgestellt. Die Idee gefällt: Derzeit gibt es bundesweit 120 Nachahmerprojekte, mit steigender Tendenz. Positiver Nebeneffekt: In Andernach wurden bislang 20 Langzeitarbeitslose ins Berufsleben reintegriert. Vandalismus kommt kaum vor. Die Idee, den Prozess von Säen und Wachsen zu erleben und seine Lebensmittel selbst ernten zu können, scheint die Menschen zu begeistern.

Finanziert wird das Projekt durch die Erlöse der Permakultur in Andernach-Eich, eines oberhalb des Stadtzentrums angesiedelten Geländes. Auf der 14 Hektar großen Fläche wachsen ökologisch angebaute Pflanzen, außerdem leben an diesem Ort Glanrinder, Schweine und Gänse. Es gilt das Prinzip der Nachhaltigkeit: Man nutzt biologische Kreisläufe sowie erneuerbare Energien und verzichtet auf mineralische Dünger und Herbizide. Streuobstwiesen und Blumenflächen bieten Insekten und Kleintieren einen Lebensraum, wodurch sich die Artenvielfalt nachweislich erhöht hat. Die Ernte sowie das Fleisch der Tiere werden im FairRegio-Weltladen in der Hochstraße 53 (Innenstadt) verkauft.

Andernachs neueste Attraktion ist der *Historische Garten,* der an einer römischen Kastellmauer angelegt wurde. Er befindet sich zwischen Konrad-Adenauer-Allee und Kirchstraße.

48

Kaltwassergeysir
Geysir-Zentrum
Andernach
Konrad-Adenauer-Allee 40
56626 Andernach
02632 9580080
www.geysir-andernach.de

PHYSIK GANZ ANSCHAULICH
Kaltwassergeysir

Über den weltweit höchsten Kaltwassergeysir (isländisch »geysa« = »in heftige Bewegung bringen«) hatte ich vor meinem ersten Besuch oft gelesen und war entsprechend neugierig.

Der Ausflug beginnt im Geysir-Zentrum, wo in einer interaktiven Ausstellung erklärt wird, wie die heiße Quelle Fontänen ausstößt. Dann geht es mit dem Schiff rheinabwärts zur Halbinsel Namedyer Werth – dem Naturschutzgebiet, wo sich der Geysir befindet. Die Fahrt dauert 20 Minuten; nach kurzem Fußweg erreicht man das Gelände, wo Besucher auf den Ausbruch warten. Er kündigt sich durch ein Blubbern an und findet im zweistündigen Rhythmus statt. Bei Windstille erreicht die Fontäne eine Höhe von bis zu 60 Metern: Besucher, die sich zu nah heranwagen, werden nass.

Der Ausbruch eines Geysirs funktioniert wie eine Mineralwasserflasche, die geschüttelt und dann geöffnet wird. Das im Grundwasser gelöste Kohlenstoffdioxid (CO_2) perlt aus und bildet aufsteigende Bläschen, sobald der Druck beim Aufdrehen des Verschlusses nachlässt. Gleichermaßen steigen die im Wasser des Geysirs gelösten Gasblasen nach oben, sobald der Bohrbrunnen voll und das Wasser mit CO_2 gesättigt ist. Dabei werden die Blasen immer schneller und dehnen sich aus, weil der Wasserdruck nach oben abnimmt. Das Wasser reißen sie mit und schleudern es in die Höhe.

Voraussetzung: Klüfte im Gestein ermöglichen das Aufsteigen des Kohlenstoffdioxids. Es stammt aus einer Magmakammer in der Erdkruste, die früher Vulkane speiste.

1903 brach der Geysir erstmals bei Bohrungen aus. Bis Mitte der 1950er-Jahre war er als *Namedyer Sprudel* bekannt, 1957 wurde er stillgelegt. Seit 2006 folgt er (an anderer Stelle) wieder seinem Rhythmus; nachts und in der Winterpause wird der Ausbruch verhindert. Tiere sind auf dem Gelände nicht erlaubt (Ausnahme: Behinderten-Begleithunde).

Ein schlafender Vulkan ist der Laacher See, den man auf zwei Wanderwegen umrunden kann (Höhenrundweg 14 Kilometer, Uferrundweg rund acht Kilometer, 20 Kilometer entfernt).

49

Brombeerschenke
Hof Haselberg
56567 Leutesdorf
02631 71242
www.brombeerschenke.de

# BLICK AUF DAS NEUWIEDER BECKEN
Lokal Brombeerschenke

Die Rheinhöhen oberhalb von Leutesdorf sind Teil des Naturparks Rhein-Westerwald mit seinen weitläufigen Feldern, Wiesen und Wäldern. Ringsum sind ausgedehnte Rebflächen und Streuobstwiesen angesiedelt, zu denen ein Apfellehrpfad gehört. Wandermöglichkeiten gibt es zuhauf und in jeder Variation; die Wege sind gut beschildert und lassen sich bei Bedarf erweitern oder verkürzen. Inmitten dieses reizvollen Ausflugsgebietes liegt die Brombeerschenke.

Das flache Holzhaus verfügt über eine große Terrasse – für mich das Herzstück des Lokals, von dem man den Blick ins Neuwieder Becken genießen kann. Im Vordergrund wachsen auf der einen Hektar großen Plantage jene Früchte, um die sich auf diesem Hof alles dreht: die Brombeersorten *Theodor Reimers*, *Loch Tay* und *Loch Ness*. Jährlich werden 15 Tonnen verarbeitet. Da auch eine Brombeerkellerei zum Anwesen gehört, werden zahlreiche flüssige Spezialitäten mit und ohne Alkohol angeboten. Gäste können sich von der kulinarischen Vielfalt der blauschwarzen Früchte überraschen lassen, die botanisch zu den Sammelsteinfrüchten zählen: Auf der Speisekarte stehen herzhafte Gerichte genauso wie Süßspeisen und Getränke. Serviert werden darüber hinaus auch Speisen wie Wildgerichte, Quiche und Salate ohne Beeren.

Inzwischen wird der Betrieb von Benno Hattenhauer geführt; gegründet wurde er von seinen Großeltern. 1950 feierten diese die Eröffnung einer Fruchtsaftmanufaktur. In den folgenden Jahrzehnten wurde der Betrieb zu dem ausgebaut, was er heute ist: Ein gemütliches Ausflugslokal mit allen möglichen Spezialitäten rund um die Brombeere. Hattenhauers Mutter entwickelte die Produktideen und Rezepte. Mittlerweile können die Gäste vieles auch mit nach Hause nehmen.

Bereits 588 wurde in Leutesdorf Wein angebaut: Der Dichter und Bischof Venantius Fortunatus erwähnte die Rebhänge in einem Reisegedicht, das er während einer Moselfahrt von Metz nach Andernach schrieb.

50

Vulkan-Expreß ab Bahnhof Brohl BE
Brohltalstraße
56656 Brohl-Lützing
02633 2104

Informationen:
Verkehrsbüro Brohltal /
Vulkan-Expreß
Kapellenstraße 12 (Rathaus)
56651 Niederzissen
02636 80303
Fahrplanansage:
02636 80500
www.vulkan-express.de

AUSFLUG AUF DIE EIFELHÖHEN
Vulkan-Expreß nach Engeln

Dass dieses Transportmittel das Wort »Express« in seinem Namen trägt, finde ich amüsant: Nostalgiebahnen haben aus heutiger Sicht ja nicht den Ruf, schnell zu sein. Passend ist der Terminus aber, denn die Fahrzeit vergeht wie im Flug. Von Brohl-Lützing fährt der Zug durch ein Seitental des Rheins auf die Eifelhochfläche und passiert eine Landschaft, in der Vulkane ihre Spuren hinterlassen haben. Laut Geologen sind sie noch immer aktiv; irgendwann wird es wieder einen Ausbruch geben. Die erdgeschichtliche Vergangenheit ist bis heute sichtbar – als Mineralwasserquellen, Trasshöhle, Phonolithsteinbruch und Tuffsteinzentrum. Auf der reizvollen, teilweise steilen Strecke, die früher mit Zahnradloks befahren wurde, kommt man an Dörfern, Feldern, Streuobstwiesen, Burgen und einem Schloss vorbei.

Errichtet wurde die Linie ab 1898 als *Brohltalbahn* für den Transport von Gütern: Rohstoffe vulkanischen Ursprungs wurden von Kempenich zum Weitertransport per Schiff an den Rhein gebracht, Kohle sowie Dünger für Industrie und Landwirtschaft auf die Eifelhöhen. Personenverkehr spielte eine untergeordnete Rolle. Damit das Gestein verladen werden konnte, standen an der Endstation, dem Rheinhafen Brohl, Kran und Sturzbühne bereit.

Immer wieder war die Strecke von wirtschaftlichen Schwierigkeiten betroffen. In den 1970er-Jahren bot die damalige Betreibergesellschaft erstmals Ausflugsfahrten als zusätzliche Einnahmequelle an. Als die Bahn 1987 dennoch stillgelegt werden sollte, gründete sich eine Interessengemeinschaft, die den Betrieb später übernahm. Fahrräder werden befördert, sodass man ab der heutigen Endhaltestelle Bahnhof Engeln in Richtung Rhein, Mosel oder Ahrtal radeln kann. An bestimmten Tagen ist die Schmalspurbahn mit Dampflok unterwegs.

Toll: Kurzwanderung *Traumpfädchen Riedener Seeblick* (5 Kilometer), Baden im gleichnamigen See und Einkehr in der Eifeler Seehütte. Zu erreichen ab Bahnhof Engeln mit dem Radbus Nettetal (Linie 821).

51

Der **Limeswachturm** befindet sich an der Landesstraße 87 in Richtung Autofähre nach Bad Breisig in 56598 Rheinbrohl.

Touristeninformation
Hauptstraße 84
53557 Bad Hönningen
02635 2273
www.bad-hoenningen.de

ANTIKES MAMMUTBAUWERK
Limeswachturm

Die Bank unter dem großen Lindenbaum an der Landesstraße 87 in Rheinbrohl ist ein kommunikativer Ort: Hier kommt man schnell mit anderen Besuchern ins Gespräch. Doch das ist nicht das einzig Schöne: Auf der frei zugänglichen Wiese kann man quasi im Vorbeigehen Geschichte erleben. Im Zentrum des Geschehens steht ein Turm aus Bruchstein mit einem Fachwerkaufbau, der mit einem Geländer aus Holz versehen ist; daneben befindet sich die Kopie eines Legionärsgrabsteins mit Relief und Inschrift. Von einer ergonomischen Sitzbank am Turm kann man auf die Flussebene schauen. In wenigen Hundert Metern Entfernung fährt die Fähre nach Bad Breisig ab, die man von hier jedoch nicht sieht.

Der Limes (lateinisch für »Grenze«), der zwischen 100 nach Christus und den Germanenzügen 260 nach Christus erbaut wurde, bildete die Trennlinie zwischen dem Römischen Reich und Germanien. Er war in verschiedene Abschnitte unterteilt: Der Niedergermanische Limes begann im Mündungsbereich des Oude Rijns, eines Überbleibsels des ursprünglichen Rheins, an der Nordsee und führte ins heutige Niederbreisig. Unmittelbar daran schloss sich der Obergermanisch-Raetische Limes an, der auf 550 Kilometern bis zum Kastell Eining an der Donau führte und seit 2005 zum Weltkulturerbe der UNESCO gehört.

In regelmäßigen Abständen war der Grenzwall mit Wachtürmen, Klein- und Großkastellen versehen; auch der Rheinbrohler Turm wurde als Kontrollposten genutzt. Das Gebäude wurde 1973 rekonstruiert, steht aber wohl nicht an seinem ursprünglichen Standort. Vermutlich befand es sich früher unmittelbar am Ufer. Durch den jahrelangen Kiesabbau in der Gegend wurden alle archäologischen Nachweise zerstört. Auch das Kleinkastell Rheinbrohl, das im Bereich der heutigen Kläranlage angesiedelt war, ist nicht erhalten.

Das Rheinbrohler Erlebnismuseum *Römerwelt am caput limitis* vermittelt Besuchern einen lebendigen und interaktiven Zugang zur Antike (Arienheller 1, 02635 921866, www.roemer-welt.de).

52

Kristall Rheinpark-Therme
Allée St. Pierre les Nemours 1
53557 Bad Hönningen
02635 952110
www.kristall-rheinpark-therme.de

GESUNDHEIT UND WOHLBEFINDEN
Kristall Rheinpark-Therme

Wer sein Domizil auf dem Campingplatz in Bad Hönningen aufschlägt, kann sich glücklich schätzen: Dortige Gäste dürfen einen direkten Durchgang zur benachbarten Kristall Rheinpark-Therme nutzen und haben somit einen besonders kurzen Weg. Doch auch wer eine längere Anfahrt in Kauf nehmen muss: Es lohnt sich!

Die in den 1980er-Jahren errichtete Anlage liegt im Ortszentrum von Bad Hönningen, unmittelbar am großen Fluss. Schon der Außenbereich ist herrlich mit einer riesigen Trauerweide auf einer großen Liegewiese sowie weiteren alten Bäumen, Palmen, Hecken und Blumenbeeten, in denen Lavendel und Rosen wachsen. Gut gefallen mir die fest verankerten Gondeln, die als Saunen genutzt und abends stimmungsvoll beleuchtet werden. In diesem Bereich halte ich mich besonders gern auf, weil ich die Aussicht auf das gegenüberliegende Bad Breisig mag und den beruhigenden Effekt des vorbeifließenden Rheins genieße. Ab und zu quaken Enten oder man hört Schiffe. Ein wunderbarer Ort zum Entspannen.

Unterteilt ist das Thermal- und Heilbad in einen Sauna- und einen Schwimmbereich mit jeweils eigenen Restaurants. Wer bei Hitze entspannen möchte, kann Hamam, Dampfbad oder insgesamt sechs Saunen besuchen. Zudem gibt es vier Thermalwasser- und Solebecken (von »sul«/»sol« = spätmittelhochdeutsch für »Salzbrühe«) mit einem Salzgehalt von 1,5 Prozent. Das Bad Hönninger Thermalsole-Heilwasser kommt aus einer Tiefe von rund 370 Metern und soll aufgrund seines Mineralreichtums Krankheiten der Haut, Atemwege und Gelenke lindern. Nach der Lehre der heiligen Hildegard von Bingen erfolgt der Wasserzulauf über Edelsteine und Bergkristalle.

In der Therme befindet sich zudem ein Wellness- und Massagezentrum, dessen Anwendungen auf Antrag von den Krankenkassen übernommen werden können.

Je nach Saison finden in der Therme Sommerfeste, Weihnachtsmärkte und Wellnesstage statt.

53

Die **Ahrmündung** befindet sich in Sinzig, der Zugang erfolgt über Remagen-Kripp, nahe der B 266. Der Weg verläuft parallel zum Rhein.

Touristeninformation
Bachstraße 5
53424 Remagen
02642 20187
www.remagen.de

EINE ANDERE WELT
Ahrmündung

Seit ich wieder im Rheinland lebe, bin ich Vielfalt auf wenigen Quadratkilometern gewöhnt. Doch an diesem Ort liegen die Kontraste – wie ich finde – besonders nah beieinander. Gerade erst habe ich das pulsierende Leben an einer der mächtigsten Schifffahrtsstraßen Europas mit all seinen Verlockungen hinter mir gelassen, da betrete ich eine Welt, die einzigartige Möglichkeiten für Natur- und Tierbeobachtung bietet. Die Ahrmündung gilt als einziger naturnaher Rheinzulauf, und die Holzbrücke, die hierher führt, erscheint wie ein Tor zu diesem Ökosystem: Hat man sie überquert, befindet man sich auf einer Baumallee – linkerhand der Rhein, rechts die Ahr.

Mäandernd bahnt sich das Flüsschen seinen Weg durch die Landschaft, umgeben von Kies- und Sandbänken, Auenflächen und künstlich angelegten Seitenarmen. In dem Flussdelta, das im europäischen und weltweiten Vergleich klein ist, wachsen Pflanzen, die für naturnahe Uferbereiche typisch sind, wie Weidengebüsche. In Bereichen, die nur bei Hochwasser überflutet werden, setzen sich zudem Stieleichen und die *Gewöhnliche Traubenkirsche* durch, da sie den Wechsel zwischen Überschwemmungen und Trockenheit gut vertragen. Rund 200 Pflanzenarten und 80 Tiergattungen gibt es hier, dazu zählen (neben anderen) die Vogelarten Wachtelkönig, Pirol, Teichrohrsänger – die allesamt von extensiver Landwirtschaft und der Zerstörung ihres Lebensraumes bedroht sind.

Aufgrund der Flussdynamik verändert sich das Gebiet fortwährend. Ein Rheinhochwasser, das auf ein Ahrhochwasser stößt, könnte konstant durchströmte Wasseradern bilden, wie sie vor der Begradigung der Ahr 1855 existierten. Ab 1979 wurde das Gelände renaturiert, damit sich seltene Tiere und Pflanzen ansiedeln können und sich insbesondere der hochwassergefährdete Rhein bei Bedarf ausdehnen kann.

Von der Ahrmündung auf dem Ahrradweg zum historischen Thermalfreibad in Sinzig-Bad Bodendorf fahren, dann bis zur Ahrquelle in Blankenheim (80 Kilometer) und mit dem Zug nach Hause. Schöne Wochenendtour!

54

Neutor
Kölner Straße 60
53579 Erpel

Tourismus Siebengebirge GmbH
Linzer Straße 2
53572 Unkel
02224 3309
www.siebengebirge.com

HISTORISCHER ORTSZUGANG
Neutor an der Kölner Straße

Fortschritt gilt als erstrebenswert. Wie gut es sein kann, wenn es anders kommt, zeigt sich an dem Ort Erpel. Weil die einst vom Weinbau lebende Gemeinde um 1420 Markt-, aber nie Stadtrechte bekam und auf neuzeitliche Modernisierungsmaßnahmen weitgehend verzichtete (Ausnahme: die Verlegung der Bundesstraße 42 an den Rhein), sieht die Ansiedlung fast so aus wie auf Stadtansichten des 17. und 18. Jahrhunderts: Auch heute kann man durch das Neutor (und andere Stadttore) laufen; das barocke Rathaus, Kirchen, Fachwerkhäuser und Marktplatz sind noch vorhanden oder wurden nach dem Zweiten Weltkrieg wiederaufgebaut.

Es ist ein Vergnügen, das Dorf mit seinen Sehenswürdigkeiten zu erkunden, denn Erpel kann nach Schätzungen von Historikern auf mehr als 1.500 Jahre Geschichte zurückblicken. Wann es gegründet wurde, ist nicht belegt, die erste urkundliche Erwähnung ist für 1072 nachgewiesen. In Schriftstücken wird die Siedlung als »Herpilla« bezeichnet, später als »Erpilla« und »Erpel«. Das keltische Wort »Herpilla« bedeutet »mit Wiesen bewachsener Hügel« – womit der Basaltfels Erpeler Ley gemeint ist. Der Berg war der ausschlaggebende Grund, warum sich die Kelten an diesem Ort niederließen: Er ist gen Süden ausgerichtet, weswegen das Vieh genug zu fressen hatte.

Der Begriff »Alte Herrlichkeit« bezieht sich auf die Obrigkeit des Kölner Domkapitels (1130 bis 1803), das die Rechtsprechung bei kleineren Vergehen und Eigentumsfragen innehatte. Damit war Erpel von der weltlichen Macht des Kurfürstentums Köln unabhängig, die sich auf die umliegenden Gemeinden erstreckte. Das Ortswappen weist auf diese Zugehörigkeit hin. Bemerkenswert sind die drei Kronen, denn nach einer Legende sollen die Gebeine der Heiligen Drei Könige auf dem Weg nach Köln für eine Nacht in Erpel gewesen sein.

Machen Sie doch mal eine Radtour nach Erpel, mit Pause am Marktplatz und anschließender Fährüberfahrt nach Remagen, wo sie den Tag am Rheinufer kulinarisch ausklingen lassen können.

55

Erpeler Ley
53579 Erpel

Tourismus Siebengebirge GmbH
Linzer Straße 2
53572 Unkel
02224 3309
www.siebengebirge.com

HISTORISCHER ORT MIT FERNSICHT
Erpeler Ley

Wenn man vom Rhein oder von der gegenüberliegenden Remagener Seite aus auf den Berg schaut, wundert man sich über seine markante Form: Die Erpeler Ley ragt aus dem mit Bäumen bewachsenen Massiv hervor und fällt auch durch ihre weitgehend geraden Flächen auf. Ihr Aussehen geht wohl auf den Menschen zurück. Angeblich diente der Basaltfels schon den Römern als Steinbruch, weswegen er ursprünglich höher gewesen sein soll. Eine Öffnung in der Bergwand erinnert an die Seilbahn, mit der das Vulkangestein im 19. Jahrhundert zum Rhein transportiert und dort auf Schiffe verladen wurde. Zu jener Zeit gab es in der Gegend viele Basaltsteinbrüche: Man benötigte das Material für Wasserbauprojekte in den Niederlanden, Eisenbahndämme und Straßen. Für den Abbaustopp und somit den Erhalt der Erpeler Ley setzten sich um 1900 Bürger ein; seit 1941 steht sie unter Naturschutz.

Der 191 Meter hohe Fels ist ein beliebtes Ausflugsziel. Sein höchster Punkt ist mit einem Gipfelkreuz markiert. Bei guter Sicht kann man bis weit in die Eifel schauen, zum Siebengebirge und zur Ahrmündung in Sinzig. Zahlreiche Wanderwege führen hierher, es gibt viel Platz zum Drachensteigenlassen oder Fußballspielen. Wer Hunger hat, kann sich in der gutbürgerlichen Gaststätte Bergesruh stärken. Außerdem ist das Plateau optimal für Großveranstaltungen wie Oster- oder Nikolausläufe, Oldtimer- und VW-Buggy-Treffen sowie das jährliche Sankt-Martins-Feuer der Ortsgemeinde.

Ein Gedenkstein auf der Südkuppe erinnert an die erste Fahrt mit einem lenkbaren Luftschiff am 2. August 1909, bei der Graf Zeppelin wegen eines Sturmes über dem Berg wenden musste. Am Fuß der Erpeler Ley befindet sich das Mahnmal der im Zweiten Weltkrieg zerstörten Ludendorffbrücke. Im Brückenkopf auf Remagener Seite ist ein Friedensmuseum untergebracht.

Der *Kunst- und Kulturkreis Erpel* erinnert mit Ausstellungen und Bühnenstücken an die Geschichte der Ludendorffbrücke. Die Veranstaltungen finden im *Theater im Tunnel* statt, dem ehemaligen Erpeler-Ley-Tunnel.

56

Pax-Gästehaus
Kirchstraße 6
53572 Unkel
02224 3141
www.pax-vereinigung.de/pax-gaestehaeuser

FRÜHSTÜCK MIT RHEINBLICK
Pax-Gästehaus

Während einer Kunstreise lernte ich diese Unterkunft kennen, die an der Uferpromenade liegt und in der berühmte Persönlichkeiten zu Gast waren. Es ist ein angenehmes Haus mit interessanter Geschichte. Das rechteckige zartgelbe Gebäude mit drei Etagen ist parallel zum Rhein ausgerichtet und wurde zum Schutz vor Hochwasser auf der ehemaligen Stadtmauer erbaut. Das obere Stockwerk ist mit Schiefer verkleidet und bildet mit dem Dach eine optische Einheit; ein Zwiebelturm verleiht dem schlichten Anwesen eine verspielte Note. Der rückwärtige Trakt, wo sich der Eingang befindet, ist mit einem Querbau versehen und von einer Bruchsteinmauer umgeben, in deren Mitte ein Garten angelegt wurde. Vom Speisesaal und von den Aufenthaltsräumen hat man direkte Sicht auf den Rhein, auch mein Zimmer hatte Flussblick.

Ob Heinrich Böll die Gegend ebenso gerne mit dem Fahrrad erkundete wie ich, ist nicht bekannt, wohl aber, dass er hier einige Kapitel seines Buches *Haus ohne Hüter* (1954) schrieb. Einen dramatischen Hintergrund hatte der Aufenthalt von Konrad Adenauer. Der ehemalige Oberbürgermeister von Köln und spätere Bundeskanzler musste mehrfach vor den Nationalsozialisten fliehen und fand im Pax-Gästehaus von September 1935 bis Sommer 1936 Zuflucht, nachdem er aus dem Regierungsbezirk Köln ausgewiesen worden war. In einem Turmzimmer soll er an Erfindungen getüftelt haben.

Träger des Hauses ist die Pax-Vereinigung, eine katholische Organisation, die um 1900 gegründet wurde, um den Lebensstandard für Priester und Diakone zu verbessern. Auch heute sieht sie sich – inzwischen weltweit – als Ansprechpartner für Ordensleute. Neben dem Gästehaus in Unkel unterhält sie ein weiteres Erholungsheim auf Juist. Um die Besucher am Mittelrhein kümmern sich Schwestern einer indischen Kongregation.

Stellvertretend für die hübsche Architektur der Stadt sei der Eschenbrender Hof genannt, der sich ebenfalls an der Rheinpromenade befindet (heute Rheinhotel Schulz, Vogtsgasse 4).

57

Willy-Brandt-Forum
Willy-Brandt-Platz 5
53572 Unkel
02224 7799303
www.willy-brandt-forum.com

MUSEUM FÜR EINEN ALTKANZLER
Willy-Brandt-Forum

Dass von Willy Brandt kein Privathaus erhalten ist, wie von anderen Personen des öffentlichen Lebens, ist bedauerlich und hat mehrere Gründe. Seine Dienstvilla auf dem Bonner Venusberg, die er (und andere Spitzenpolitiker) bewohnten, als Bonn Bundeshauptstadt war, hat der Bund an eine Immobiliengesellschaft verkauft. Obwohl das Anwesen unter Denkmalschutz stand, wurde es in zwei Wohnhäuser unterteilt und der Charakter des Grundstücks durch Neubebauung zerstört. In dieser Villa lebte Brandt mit seiner zweiten Frau Rut und den Söhnen Lars und Matthias von 1967 bis 1974, also auch während seiner Tätigkeit als Bundeskanzler. Seine anderen einstigen Wohnsitze sind ebenfalls privat bewohnt, von den vielen Adressen während des Exils ganz zu schweigen (Oslo, Stockholm, Paris, Barcelona).

20 Jahre war er in Berlin ansässig, in Unkel verbrachte er die letzten 13 Jahre seines Lebens mit seiner dritten Frau Brigitte. Zunächst wohnte das Paar an der Eschenbrenderstraße, nach der Heirat 1983 zog es in die Nähe des Kanuclubs in Richtung Erpel.

Seit 2011 erinnert das Willy-Brandt-Forum an jenen Mann, der unter anderem Kanzler, Friedensnobelpreisträger und vierfacher Vater war. Geboren wurde er in Lübeck als Herbert Frahm; seinen Namen legte er auf der Flucht vor den Nationalsozialisten ab. Das Museum wird von einer gemeinnützigen Bürgerstiftung geführt. Im Mittelpunkt stehen das Arbeitszimmer aus seinem letzten Wohnhaus, in dem er seine Erinnerungen schrieb und welches originalgetreu wiederaufgebaut wurde, sowie das Porträt von Georg Meistermann, das für die Kanzlergalerie in Bonn bestimmt war. Darüber hinaus werden zahlreiche Film- und Tonaufnahmen, Dokumente und Fotografien präsentiert. Besonders interessant finde ich, wie sich Unkeler Bürger an den Politiker als Privatperson erinnern.

Die 5.000 Einwohner der Rotweinstadt organisieren ein reges Kulturprogramm: Carl-Loewe-Musiktage, Kunst in den Unkeler Höfen, Literaturfest, Wein- und Heimatfest, Rheinschwimmen und mehr.

58

Gefängnisturm an der Konrad-Adenauer-Promenade
53572 Unkel

Touristen- und Bürgerinformation der Stadt Unkel
Linzer Straße 2
53572 Unkel
02224 3309
www.unkel-kulturstadt.de

ENTSPANNUNG AM GROSSEN STROM
Rheinpromenade mit Gefängnisturm

Wenn ich Lust auf einen Spaziergang am Rhein habe, fahre ich gerne nach Unkel, denn das Rotweinstädtchen hat eine wunderschöne Promenade. Der Uferweg führt im Norden nach Rheinbreitbach, im Süden gen Erpel. An ihm liegen die Fähranleger dreier Schifffahrtsgesellschaften und bei Sommerwetter kann man Kaffee, Bier und Co. direkt am Rhein trinken: Ein Freiluftcafé an einer Anlegestelle öffnet seine Pforten, stellt Bänke und Tische hinaus. Leger geht es zu, und das ist gut so. Der Reiz liegt in der landschaftlichen Schönheit der Umgebung, der hübschen Stadtansicht und der Ruhe, die man hier findet. Die Kopflinden bilden im Sommer ein dichtes Blätterdach; in einem Minipark wächst eine 100-jährige Pappel mit einer 27 Meter großen Krone.

Die Stadtmauer ist teilweise noch als solche erkennbar, vom 17. bis 19. Jahrhundert diente sie als Fundament für Gebäude – eine praktische Methode, um sich gegen Hochwasser zu schützen, die aber nicht in jedem Fall half. Die Bürger mussten im Laufe der Geschichte immer wieder mit diesem Naturereignis zurechtkommen, beispielsweise mit dem Eishochwasser von 1784 oder in jüngerer Zeit in den Wintern 1993/94 und 1995 (Jahrhunderthochwasser).

Eines der ältesten Gebäude an der Promenade ist der Fronhof des Kölner Klosters *Sankt Maria ad Gradus,* das im 11. Jahrhundert errichtet und nach 1840 umgebaut wurde. Mit seinen neogotischen Elementen (Turmzinnen, Treppengiebel) sticht er aus der Häuserzeile hervor. Ortsbildprägend wirkt außerdem die Pantaleonskirche. Wenige Meter daneben befindet sich der Gefängnisturm, der einst zur Stadtbefestigung gehörte und erst 1700 seine Haube bekam. Auch dank der Fachwerkhäuser, Gutshöfe und Weinstuben »in der zweiten Reihe« strahlt Unkel Gemütlichkeit aus und zieht seit jeher Dichter, Schriftsteller und Künstler an.

Der RheinAir Biergarten im Nachbarort Rheinbreitbach ist sowohl bei Einheimischen wie Touristen beliebt, weil man hier unter Bäumen und mit Blick auf den Fluss entspannen kann.

59

Freiligrathhaus
Pützgasse 7 Ecke
Günther-Lauffs-
Promenade
53572 Unkel

**Touristen- und Bürger-
information der Stadt
Unkel**
Linzer Straße 2
53572 Unkel
02224 3309
www.unkel-kulturstadt.de

DEMOKRAT AUF DURCHREISE
Freiligrathhaus

Wer das Mittelrheintal bereist, stößt immer wieder auf Ferdinand Freiligrath (1810–1876). Der spätere Freiheitsdichter lebte in verschiedenen Rheinorten, schrieb Gedichte über das Tal und setzte sich für den Wiederaufbau des *Rolandsbogens* ein, einer Burgruine in Remagen-Rolandswerth. In Unkel wohnte er zu Beginn seiner Schriftstellerkarriere 1839/1840. Seine Gedichte wurden ab 1838 gedruckt, außerdem war er als Übersetzer für Lord Byron, Victor Hugo, Walter Scott und Robert Burns tätig. 1840 verlobte er sich; nach der Heirat 1842 zog das Paar nach St. Goar.

In dem repräsentativen Unkeler Barockbau, der nur von außen zu besichtigen ist, bewohnte Freiligrath eine der oberen Etagen. Das dreigeschossige Palais schließt mit einem Mansarddach ab. Auffällig sind das Zwerchhaus, das die Fassadengestaltung aufnimmt, und die schmiedeeiserne Balkonbrüstung. Es weist Ähnlichkeiten mit dem Spee-Haus in Neuwied-Engers auf. Errichtet wurde es um 1770 für die kurkölnischen Kanzler. Kurköln war eines der ursprünglich sieben Kurfürstentümer des Heiligen Römischen Reiches.

Vor dem Umzug nach Unkel hatte Freiligrath in Soest eine Kaufmannslehre absolviert und in einem Amsterdamer Bank- und Großhandelshaus gearbeitet. Im Rahmen der 1848er-Revolution machte er als Freiheitsdichter und Journalist der *Neuen Rheinischen Zeitung* – herausgegeben von Karl Marx unter Mitarbeit von Friedrich Engels – auf sich aufmerksam; mehrfach musste er mit seiner Frau und den damals noch vier Kindern ins Exil gehen: Die Familie lebte in London, Brüssel und der Schweiz; 1868 kehrte sie nach Deutschland zurück. Freiligrath starb 1876 in Stuttgart-Bad Cannstatt. Der Vers »Wir sind das Volk«, der im Rahmen der Montagsdemonstrationen 1989/90 in der DDR Verbreitung fand, stammt aus seinem Revolutionsgedicht *Trotz alledem*.

Im 450 Jahre alten Hotel Krone (Rheinuferstraße 10, 65385 Rüdesheim) schrieb Freiligrath 1844 *Ein Glaubensbekenntniß*. Im eigens eingerichteten Museumszimmer kann sein Sekretär besichtigt werden.

60

Bio-Restaurant und Weinkontor Diedenhofen
Rheinallee 31
53424 Remagen-Kripp
02642 46942
www.wein-restaurant-diedenhofen.de

GENUSS FÜR ALLE SINNE
Bio-Restaurant und Weinkontor Diedenhofen

Bei Wanderungen und Radtouren entdecke ich manchmal Orte, an die ich später gezielt zurückkehre. Das war auch bei diesem Lokal so. Es liegt in der Nähe des Fähranlegers, an dem man nach Linz übersetzen kann, und mit Blick auf das Denkmal für die Treidelpferde, die einst den Handel gewährleisteten: Bis zur Erfindung von Schleppdampfschiffen im 19. Jahrhundert zogen sie beladene Schiffe an langen Seilen flussaufwärts. Kripp war eine wichtige Station zwischen Koblenz und Köln, weil sich dort eine Futterstation (Krippe) befand. Heute tummeln sich hier bei angenehmem Wetter Radfahrer, Menschen entspannen auf den Grünflächen.

Das Gartenlokal betritt man durch ein schmiedeeisernes Tor, Kies knirscht unter den Füßen, blumen- und palmenbepflanzte Kübel säumen den Weg. Wenige Tische stehen auf dem großzügigen Gelände, beschattet von Bäumen und Sonnenschirmen, sodass Besucher eine private Atmosphäre genießen können. Der Blick fällt auf die gelbweiße Gründerzeitvilla, in der sich unter anderem das Kaminzimmer für Gäste und die Privatwohnung der Inhaber befinden. Mein Lieblingsplatz ist unter einer mächtigen Blutbuche, von wo aus ich gerne das Geschehen am Rhein beobachte.

Genießen am Stromkilometer 630 ist das Motto: Ursula und Hans Diedenhofen bieten biozertifiziertes, natürliches Essen an: Es wird ohne Zusatzstoffe und Geschmacksverstärker gekocht, nur hochwertige Produkte kommen auf den Tisch. Früher arbeiteten beide Eheleute als Journalisten, Hans Diedenhofen berichtete schon in den 70er-Jahren über Biolandbau. 1999 eröffneten sie in Remagen eine Weinhandlung, die es auch heute noch gibt. Mit der Zeit wuchs das Bedürfnis, Gästen ein ganzheitliches Ambiente zu bieten, das alle Sinne anspricht. Und diese wissen das Angebot zu schätzen – eine Reservierung ist daher empfehlenswert.

Das Restaurant ist von Frühjahr bis Herbst geöffnet; die Weinhandlung nach vorheriger Anmeldung auch außerhalb der Öffnungszeiten. Es ist keine Kartenzahlung möglich.

61

Arp Museum Bahnhof Rolandseck
Hans-Arp-Allee 1
53424 Remagen-Rolandseck
02228 942539
www.arpmuseum.org

KUNSTGENUSS UND GAUMENFREUDEN
Arp Museum Bahnhof Rolandseck

Diesen Ort gibt es nur aufgrund des Engagements eines Bürgers. Wenn es nach der Bundesbahn gegangen wäre, wäre das klassizistische Gebäude 1958 abgerissen worden. Doch der Kunstsammler Johannes Wasmuth entwickelte die Idee, die Räume als Wohnung, Galerie und Atelier für Künstler zu nutzen, sodass der Bahnhof 1964 zu einem Zentrum kulturellen Lebens wurde. Hans Arp, Oskar Kokoschka, Yehudi Menuhin und Martin Walser seien hier stellvertretend für viele weitere genannt.

Die Bonn-Cölner Eisenbahn hatte 1844 die Strecke von Bonn nach Köln eröffnet und bis Rolandseck erweitert. Der Endhaltepunkt war so gewählt, dass man schnell auf Dampfschiffe umsteigen konnte. Zusammen mit dem Rolandsbogen war Rolandseck ein Inbegriff rheinischer Romantik, der prominente Persönlichkeiten anlockte, darunter Königin Victoria von Großbritannien und Kaiser Wilhelm II. sowie Literaten, Musiker und Philosophen.

Ein beliebtes Reiseziel ist der ehemalige Bahnhof noch immer: Die Terrasse begeistert mit Stützen und Geländern aus Gusseisen, Panoramablick und mediterranem Essen, das ich an kühlen Tagen in den eleganten Festsälen mit Stuck, Deckengemälden und Kronleuchtern genieße.

Ein ganz anderes Raumerlebnis hat man, wenn man sich zum Arp Museum begibt (Architekt: Richard Meier), das sich oberhalb am Hang befindet und in dem Werke von Hans Arp und Sophie Taeuber-Arp gezeigt werden. Die beiden Gebäude sind durch einen Tunnel aus Sichtbeton und einen Aufzug verbunden. Oben angekommen, laden zahlreiche Panoramafenster und Terrassen dazu ein, die Natur zu genießen: Für mich ein atemberaubendes Erlebnis, zumal die offene Architektur auf das Wesentliche reduziert wurde. Toll finde ich die Sitzgelegenheiten aus massiver Eiche. Mit den *Stuhlhockerbänken* laden die Designerinnen Besucher zu Gesprächen ein.

In 300 Meter Entfernung befindet sich ein Wald- und Wildpark, in dem Rot- und Damwild, Wildschweine, Esel sowie Alpakas leben. www.wildpark-rolandseck.de

62

Geheime Gärten Rolandswerth
Haupteingang an der Ecke Parkstraße/Weingärten-straße
53424 Remagen-Rolandswerth
www.geheime-gaerten-rolandswerth.de

Touristeninformation Remagen
Bachstraße 5
53424 Remagen
02642 20187
www.remagen.de

QUELLE DER INSPIRATION
Geheime Gärten Rolandswerth

Bei einer Entdeckungstour stieß ich auf diese im Verborgenen blühende Anlage. Man trifft hier eher selten Menschen – obwohl das öffentlich zugängliche Areal zwischen einer Bundesstraße und dem Rheinradweg liegt. Das hat seinen Vorteil, denn die Stille macht einen Teil des Reizes aus.

In dem Miniwald wachsen Exoten, darunter je ein Mammut- und Tulpenbaum, ferner Blutbuchen, Thujen, Eiben, Linden, Bergahorne und Platanen. Die mehr als 100 Jahre alten Bäume spenden Schatten und verleihen dem Garten eine mystische Atmosphäre. Zugleich lassen Buchstabenskulpturen, Sitzbänke und ein Pflanzenturm erkennen, dass für seine Gestaltung Künstler verantwortlich waren. Ausgangspunkt für die Installationen ist Novalis' Zitat »Die vollendete Speculation führt zur Natur zurück« (1798), das mit den Lettern des Dichters, Tier- und Naturabbildungen in die Objekte gefräst wurde. Mit dem Kunstprojekt (2002) hauchten Caroline Bittermann und Peter Duka dem verwilderten Hentzenpark neues Leben ein.

Herzstück der Anlage ist der erwähnte Pflanzenturm, ein Quartier für Fledermäuse und Wildbienen. Eine Fotodokumentation im ehemaligen Gewächshaus informiert über die Geschichte des Anwesens, das 1897 von einer Fabrikantenfamilie angelegt und 1918 verkauft wurde. Bis zum Ende des Zweiten Weltkrieges nutzten die Wehrmacht und die Alliierten die zugehörige Villa, später war sie Botschafterresidenz. Nach ihrem Abriss in den 70er-Jahren war das Gelände sich selbst überlassen. Ursprünglich bildeten die je anderthalb Hektar großen Flächen zu beiden Seiten der Weingärtenstraße ein Gesamtareal und waren durch eine Brücke miteinander verbunden. Längst haben sich Flora und Fauna diesen Ort zurückerobert – und das ist wunderbar. Für mich ist es ein idyllisches Kleinod.

Ungewöhnliche Schlafmöglichkeit: Wer sich mit Blick auf den Strom ausruhen möchte, kann es sich in der nahe gelegenen Gebrauchsskulptur *Rheinschlafen* gemütlich machen (Schlüssel bei *Rheincamping Siebengebirgsblick*).

63

Insel Grafenwerth
53604 Bad Honnef
www.grafenwerth.de

Touristeninformation
Rathausplatz 2–4
53604 Bad Honnef
02224 9882746
www.badhonnef.de

OASE DER GLÜCKSELIGEN
Insel Grafenwerth

Die Halbinsel Grafenwerth ist ein Sehnsuchtsort, für viele verbunden mit der Erinnerung an Mußestunden mit Familie und Freunden seit Kindheitstagen. Ein Ausflugsziel für entspannte Sonntage, das vielfältige Abwechslung bietet. Bis in die Kindheit reichen meine Erinnerungen an den Ort nicht, aber auch ich komme immer wieder gern zurück.

Während Jogger frühmorgens ungestört ihre Runden drehen, kann es an heißen Sommertagen, wenn das Bedürfnis nach Erholung im Grünen groß ist, voll werden. Trotzdem – oder deshalb – kommt Urlaubsstimmung auf, und das schon beim Hinweg über die Nordbrücke von 1912, vorbei an dem kleinen Yachthafen und dem historischen Aalschokker, der mit dem Drachenfels im Hintergrund ein schönes Fotomotiv bildet.

Oft gehe ich auf der Insel spazieren. Ich mag den alten Baumbestand, die weitläufigen Grünflächen und die Aussicht auf Rhein und Umgebung. Im Frühjahr blühen Kirschbäume, außerdem wachsen hier Hybridpappeln, Kastanienbäume, Weiden und andere Gewächse. Es ist ein schöner Ort zum Picknicken oder Grillen; ebenso mag ich die entspannte Atmosphäre im *Biergarten Grafenwerth*. Doch die Insel ist nicht nur eine Adresse für Erholungssuchende, sondern auch für Besucher von Veranstaltungen wie Rhein in Flammen. Außerdem gehören ein Freibad und eine Minigolfanlage zum Angebot. Wer das Eiland vom Wasser aus sehen möchte, kann mit den Rheinschiffen fahren, die an der autofreien Halbinsel anlegen.

Der Naturforscher Alexander von Humboldt nannte Bad Honnef, wozu die Landzunge gehört, »Nizza am Rhein«: Beide Städte waren im 19. Jahrhundert beliebte, vom Klima begünstigte Reiseziele. Während die Belle Époque in der südfranzösischen Stadt allgegenwärtig ist, hat sich am Mittelrhein nicht viel erhalten. Aber mit etwas Fantasie spürt man auf Grafenwerth den alten Glanz.

Oft steht auf dem Weg zur Nordbrücke (Landseite) ein Imbissstand, dessen Erzeugnisse Sie probieren sollten: Honnefer Crêpes Manufacture.

64

Konrad-Adenauer-Haus
Konrad-Adenauer-
Straße 8c
53604 Bad Honnef-
Rhöndorf
02224 9210
www.adenauerhaus.de

HEIM DES ERSTEN KANZLERS
Adenauerhaus

Es ist die Mischung aus Beschaulichkeit und Weitsicht, die diesen Ort für mich besonders macht. Auf dem ehemaligen Weinberg, wo das Adenauerhaus steht, fühle ich mich der Welt »entrückt«: Straßenlärm und Hektik existieren nicht, man blickt auf Mittelrhein und Eifelberge. Das Anwesen wirkt gutbürgerlich, aber nicht protzig. In dem terrassenartig angelegten Garten wachsen mediterrane Pflanzen, darunter die von Adenauer gehegten Rosen. Eine Bocciabahn mit Flutlicht erinnert an sein Urlaubsdomizil am Comer See, im Gartenpavillon schrieb er seine Memoiren. 1937 war Adenauer mit seiner zweiten Frau Gussie und den vier gemeinsamen Kindern in das Haus gezogen. Die erste Frau war 1916 verstorben und die drei Kinder aus dieser Ehe schon erwachsen.

Diverse Sitzgruppen erinnern daran, dass hier eine Familie lebte. Perserteppiche, textile Wandverkleidungen und Holzmöbel strahlen Gemütlichkeit aus; Fenster und Terrassentüren lassen viel Licht herein. Ein Schrank beherbergt eine Musikanlage, Telefone und Staatsgeschenke weisen auf die Tätigkeit als Bundeskanzler hin.

Selten wurde hier Politik gemacht. Nach der Bundestagswahl 1949 lud Adenauer Politiker der CDU/CSU ein, der amerikanische Außenminister Dwight D. Eisenhower war zu Besuch und zweimal der französische Staatspräsident Charles de Gaulle, mit dem er befreundet war.

Als Oberbürgermeister von Köln wurde Adenauer 1933/34 vom NS-Regime verfolgt, er musste mehrfach fliehen. Nach dem gescheiterten Attentat auf Hitler geriet er erneut ins Visier der Gestapo. Weil ihm die Flucht aus dem Gefängnis gelang, wurde Gussie inhaftiert und gefoltert. Sie verriet seinen Aufenthaltsort, erlitt einen Zusammenbruch und unternahm einen Selbstmordversuch, an dessen Spätfolgen sie 1948 starb. Adenauer blieb bis zu seinem Tod 1967 in dem Haus wohnen.

Das Familiengrab der Adenauers befindet sich auf dem Waldfriedhof in Bad Honnef-Rhöndorf.

65

Café, Konditorei, Bäckerei Profittlich
Drachenfelsstraße 21
53604 Bad Honnef-Rhöndorf
02224 2796
www.cafe-profittlich.de

TRADITIONSHAUS AM DRACHENFELS
Café, Konditorei, Bäckerei Profittlich

Das verwinkelte Fachwerkgebäude von 1731 gehört zum Standard-Ausflugsprogramm vieler Rheinländer – und das in einigen Familien seit Generationen. Beliebt ist es auch bei Menschen, die im Siebengebirge wandern, das Wohnhaus von Konrad Adenauer besuchen oder Ausflüge mit dem Fahrrad beziehungsweise Motorrad unternehmen. In der hauseigenen Konditorei werden alle Backwaren und Torten selbst hergestellt, und das schmeckt man. Das Café ist für einige Spezialitäten bekannt, vor allem für seine Herrentorte und den Christstollen. Dass dieser nach sächsischem Originalrezept gebacken wird, geht auf eine Begegnung im Ersten Weltkrieg zurück: Jahre später bat der Großvater des heutigen Besitzers einen ehemaligen Kameraden aus Zwickau um ein Rezept. Längst wird das Weihnachtsgebäck in die ganze Welt verschickt, was auch Konrad Adenauer und Diplomaten aus der damaligen Bundeshauptstadt Bonn zu verdanken ist, die Printen, Stollen und Co. für ihre internationalen Kontakte bestellten.

Die Anekdoten zahlreich, das Café einzigartig: Das gilt auch für die Galerieräume, die auf vier ursprünglich eigenständige Häuser verteilt sind. Seit Langem miteinander verbunden, erinnern Treppen und ein Verbindungsgang an die bauliche Besonderheit. Bei meinen Besuchen führt mich der Weg entweder die alte Holztreppe hinauf, deren Knarzen mir so vertraut ist, oder zur Bank vor dem Eingang, von der ich das Treiben auf dem Ortsplatz beobachte.

1892 wurde der Betrieb von Bäckermeister Stephan Profittlich gegründet. Gegenwärtig wird er in vierter Generation von Peter Profittlich geführt; die fünfte Generation steht mit Neffe und Konditorgeselle Jens Müller schon in den Startlöchern. Auf die längste Betriebszugehörigkeit kann Inge Bott zurückblicken: Seit mehr als 70 Jahren steht sie hinter der alten Registrierkasse.

Ein süßes Souvenir ist die zum Mitnehmen handlich verpackte Herrentorte.

66

Marienkapelle
Rhöndorfer Straße 37a
53604 Bad Honnef-
Rhöndorf

Informationen:
Pastoralbüro
Bergstraße 1
53604 Bad Honnef
02224 931563

MARKANTER WEGWEISER
Marienkapelle

Dieses Kleinod übersieht keiner, der auf der Rhöndorfer Straße unterwegs ist. Von Norden kommend, bereitet mir die »Prachtseite« mit ihrem Portal, der Marienfigur und dem Dachreiter Freude; mich von Süden nähernd, genieße ich den rückwärtigen Blick mit Drachenfels in der Ferne.

Eine Kapelle, die wie ein Fels in der Brandung mitten auf der Straße steht, links und rechts von Asphalt umgeben: Ich kenne kein vergleichbares Bauwerk. Warum die Rhöndorfer diese Straßenführung 1907 beim Ausbau der Fahrbahn veranlassten, ist nicht bekannt. Tatsache ist aber, dass sich das Ortsbild seit damals kaum verändert hat, was alte Ansichten belegen.

Die Epoche des Barock (circa 1575 bis 1770) steht für eine überbordende Fülle an Stilelementen wie Engel und Blattgold. Bei dem Begriff denke ich an Bayern und Italien, wo ich viele Prachtbauten jener Zeit gesehen habe. In nördlicheren Breitengraden waren die Gebäude schlichter – wie die 1716 fertiggestellte Marienkapelle, die während des Hochbarocks errichtet wurde. In der Zurückhaltung liegt ihr Reiz.

Von drei Seiten umschlossen, ist der Bruchsteinbau mit einem Dachreiter in Zwiebelform versehen, auf dem ein schmiedeeisernes Kreuz ruht. Das Türmchen verleiht dem Gebäude eine verspielte Note. Über dem Portal befindet sich eine Statue von Maria mit Kind, in den Giebel wurde eine Uhr eingelassen. Ein Wappen nennt den Stifter des Grundstücks: Graf von Nesselrode. Der reich verzierte Barockaltar greift das Motiv der Marienverehrung auf. Zu besonderen Anlässen werden hier Gottesdienste gefeiert.

Der Vorgängerbau (an anderer Stelle) war ein Heiligenhäuschen. Es wurde von den Truppen König Ludwigs XIV. während des Pfälzischen Erbfolgekriegs zerstört, weil der französische Herrscher seine Macht bis an den Rhein ausdehnen wollte – was bekanntermaßen misslang.

Restaurant, Weingut und Bar – all das erwartet Sie im nahe gelegenen *Haus im Turm* an der Drachenfelsstraße 4–7, 53604 Bad Honnef. Es bietet gehobene Gastronomie in historischem Anwesen.

67

Löwenburg
Löwenburger Straße
53604 Bad Honnef

Löwenburger Hof
Löwenburger Straße 30
53639 Königswinter
02223 24446
www.loewenburger-hof.de

LIEBLINGSPLATZ IM WALD
Ruine Löwenburg

Was Touristen im 19. Jahrhundert begeistert hat, beeindruckt auch heute noch: Die Ruinen des Mittelrheintales sind seit der Romantik ein Anziehungspunkt – wie die Burg Löwenburg im Siebengebirge oberhalb von Bad Honnef. Sie ist jederzeit frei zugänglich, was sicherlich zu ihrer Beliebtheit beiträgt. Es wundert mich nicht, dass manche Menschen hier übernachten, um den Sonnenaufgang über dem Tal zu erleben, oder dass Familien, die in der Nähe wohnen, ihr Abendbrot an diesem Ort einnehmen. Die Ruine ist auch für trainierte Mountainbiker eine willkommene Herausforderung und sogar für Reiter mit ihren Pferden erreichbar, wenn man eine 20-prozentige Steigung bewältigt.

Bei der Besichtigung fällt auf, wie lang gestreckt die Anlage mit Vor- und Hochburg sowie Verteidigungswall ist. Vermutlich wurde sie um 1200 errichtet und während des 30-jährigen Krieges zerstört; danach zerfiel sie weitgehend. Erhalten sind die Zisterne im Innenhof, in der Regenwasser gesammelt wurde, zwei Seitenmauern des Bergfrieds und die Fundamente. Ringsum von Wald umgeben und mit einer grandiosen Fernsicht gesegnet, hat die Anlage sehr viel Charme, zumal inmitten der Kernburg eine Eiche wächst, die mit einer Rundbank versehen wurde. Vor- und Hochburg sind durch eine steile Treppe miteinander verbunden. Die Anhöhe gilt mit 455 Metern über dem Meeresspiegel als eine der höchsten des Mittelrheintales.

Bauherr war Graf Heinrich II. von Sayn, der sie als Grenzfeste gegen die Grafen von Berg und die kurkölnischen Burgen Drachenfels und Wolkenburg errichten ließ, welche zum Besitz der Kölner Erzbischöfe gehörten. Die erste urkundliche Erwähnung ist für 1247 belegt: In diesem Dokument bekunden vier Männer, dass ihnen das Anwesen übertragen wurde und sie ihrer Tante, einer Witwe, lebenslanges Wohnrecht gewähren.

Auf dem Weg zur Burg passiert man den *Löwenburger Hof*, Almwirtschaft und Forsthaus des Anwesens. 1909 zum Hotel umgebaut, ist es heute ein beliebtes Ausflugslokal mit großer Sonnenterrasse.

68

Siebengebirgsmuseum
Kellerstraße 16
53639 Königswinter-Niederdollendorf
02223 3703
www.siebengebirgsmuseum.de

KULTURGESCHICHTE DER REGION
Siebengebirgsmuseum

Einst spielten Esel im Mittelrheintal eine tragende Rolle: zunächst als Lastentiere für Wein und Güter, später, mit dem Tourismus im 19. Jahrhundert, brachten sie Besucher auf den Drachenfels und zu anderen Ruinen – sie sind untrennbar verbunden mit dem *Mythos Rheinromantik*. Im Siebengebirgsmuseum werden die Langohren gebührend geehrt. Bereits beim Betreten sieht man einen grauen Stoffesel, der früher als Schaufensterdekoration eines örtlichen Geschäftes diente. Dass der Tourismus im Siebengebirge (und generell im Mittelrheintal) in der Epoche der Romantik blühte, wird hier vor Augen geführt: Auf dem Drachenfels standen Wurfbuden und Wahrsageautomaten wie auf Jahrmärkten; Besucher konnten sich vor gemalten Kulissenwänden ablichten lassen, mit Eseln, Drachen oder Flugzeugattrappen als Requisiten. Fotografen hatten ab 1880 Ateliers vor Ort, sodass Kunden ihre Abzüge auf dem Rückweg mitnehmen konnten. Die Produktion von Souvenirs florierte, das Reisen bot mit Dampfschiff, Eisenbahn und Nobelhotels Komfort und Freizeitmöglichkeiten gab es en masse. Zu jener Zeit war das Reisen Adel und Bürgertum vorbehalten, was sich erst mit den Errungenschaften der Arbeiterbewegung änderte (bessere Löhne, Urlaub).

Das Siebengebirgsmuseum thematisiert Landschaft, Kultur und Geschichte der Region. Neben der Rheinromantik-Abteilung gefallen mir besonders die Schautafeln, die die hiesigen Gesteinsarten und ihre Verwendung erläutern. Weitere Themen der Dauerausstellung sind Wein, Handel und die Separatistenbewegung von 1923, die einen unabhängigen Rheinstaat forderte und in der Schlacht am Aegidienberg endete. Das Museum wurde 1939 in einem Barockbau eröffnet und mehrfach erweitert. Seit der letzten Modernisierung von 2011 präsentiert es sich in hellen Räumen und mit multimedialem Konzept.

In der Tourismussaison können sich Kinder auch heute noch von Eseln auf den Drachenfels tragen lassen. Der Ritt beginnt an der Talstation der Drachenfelsbahn. Nähere Infos unter 02223 24650.

69

Forsthaus Lohrberg
Löwenburger Straße 2
53639 Königswinter-Margarethenhöhe
02223 909494
www.vv-siebengebirge.de/naturparkhaus

EIN GEBÄUDE FÜR DEN NATURSCHUTZ
Forsthaus Lohrberg

Wer sich für Flora und Fauna des Siebengebirges interessiert, ist in diesem Naturparkhaus gut aufgehoben: In dem Bruchsteinbau mit Turm und Fachwerkgeschoss kann man sich in einer Dauerausstellung über Pflanzen, Tiere, Geologie und Landschaft des Kulturraumes (Wälder, Weinbau, Streuobstwiesen) informieren und erfahren, wie man ihn schützen kann. Interessant finde ich zudem den Lehrpfad im Garten, der über das hiesige Vulkangestein informiert und die Möglichkeit, an Vorträgen sowie Wanderungen teilzunehmen. Darüber hinaus organisiert der *Verschönerungsverein für das Siebengebirge* (VVS) als Träger Workshops und veröffentlicht Broschüren über die Region. Neben dem einstigen Forsthaus befindet sich eine Grillhütte, die gemietet werden kann.

Seit der Antike (und im Mittelalter) wurde im Siebengebirge Trachyt abgebaut; mit der Industrialisierung stieg der Bedarf an Vulkangestein um ein Vielfaches. 1826 wurde der Drachenfels an eine Gesellschaft verkauft, die den Abbau fortführte, was die preußische Regierung verbot; 1836 kaufte sie den Gipfel. Wolkenburg und Stenzelberg waren bereits abgetragen, andernorts ging die Zerstörung weiter. Um 1870 setzte mit dem Ausbau der Straßen und Wasserwege die Nachfrage nach Basalt ein. Zugleich bereisten Touristen die Region. Diese Situation und die Schäden vor Augen, gründeten Bürger 1869 den genannten Verein, der vom preußischen Königshaus, von Berliner Abgeordneten sowie den Städten Köln und Bonn finanziell unterstützt wurde. Schließlich konnten einige Steinbrüche gekauft werden.

Neben dem 4.661 Hektar großen Naturschutzgebiet gibt es den deutlich größeren Naturpark mit lockeren Schutzregeln. Für beide Areale ist der Rhein-Sieg-Kreis verantwortlich. Der VVS kümmert sich um seine 850 Hektar Wald in der Mitte des Naturparks, wo das *Forsthaus Lohrberg* steht.

Trachyt wurde unter anderem als Baumaterial für den Kölner Dom genutzt. Nähere Informationen bei der Stiftung Naturschutzgeschichte: Schloss Drachenburg, Drachenfelsstraße 118, 53639 Königswinter.

70

Biergarten Petersberg
Petersberg
53639 Königswinter
02223 74780

VIELFÄLTIGES ANGEBOT
Biergarten Petersberg

Es muss 2006 gewesen sein, als ich mit meinen Eltern das Siebengebirge erkundete und dabei zum ersten Mal auf den Petersberg wanderte. Es war ein recht heißer Tag, weshalb ich mich auf eine Pause mit Kaffee und Kuchen freute. Diese verbrachten wir auf dem Plateau des Petersbergs: Wir saßen auf der weitläufigen Sommerterrasse unter Kopflinden, die im Sommer ein dichtes Laubwerk bilden, und genossen den Blick auf das Siebengebirge, die Eifel und den Rhein.

Das Café gibt es heute noch, obwohl auf dem Gelände jüngst behutsame Modernisierungsmaßnahmen durchgeführt wurden, damit das Grandhotel, zu dem es gehört, auch weiterhin seinem guten Namen gerecht wird. Parallel dazu wurde das Gastronomieangebot erweitert, sodass auf der Bergspitze nun fünf Lokale angesiedelt sind, die unterschiedliche Ansprüche erfüllen. Gäste können wählen zwischen Feinschmeckerrestaurants, besagtem Café und einem Biergarten mit Platz für 300 Gäste. Der kleine holzverkleidete Flachbau, in dem sich Getränkeausgabe und Küche befinden, fügt sich unauffällig in die historisch interessante, landschaftlich reizvolle Umgebung ein. Angeboten werden Gerichte und Snacks, die für Gartenlokale dieser Art typisch sind: Brezeln, Bratwürste, Flammkuchen und Co.

Bereits 1888 bauten die Brüder Paul und Joseph Nelles auf dem Petersberg ein Hotel, das der Inhaber des Kölner Unternehmens 4711, Ferdinand Mülhens, 1911 kaufte und im neobarocken Stil umbauen ließ. Nach dem Zweiten Weltkrieg wurde er von den Siegermächten enteignet, die das Gebäude zum Sitz der Alliierten Hohen Kommission ernannten. 1949 unterschrieb Konrad Adenauer hier das *Petersberger Abkommen*. Von 1955 bis 1969 und ab 1990 diente es als Gästehaus der Bundesregierung, wo unter anderen Queen Elisabeth II., Schah Mohammad Reza Pahlavi und Kaiserin Soraya residierten.

Auf dem Petersberg können Fundamente eines keltischen Ringwalls und einer romanischen Kirche besichtigt werden sowie eine barocke Kapelle.

71

Kloster Heisterbach
Heisterbacher Straße, am
Heisterbacher Parkplatz
53639 Königswinter
Führungen: 02223 702164
www.klosterlandschaft-
heisterbach.de

RUINE IN ROMANTISCHER KULISSE
Kloster Heisterbach

Als ich die Abtei zum ersten Mal besuchte, wuchsen hier Brennnesseln, Brombeeren, Bärlauch und andere Wildpflanzen. Um zur Chorruine zu gelangen, bahnte ich mir einen Weg durch wucherndes Grün, auf einer Wiese blühten Gänseblümchen und Löwenzahn. Die Natur war sich selbst überlassen: ein Paradies für Bienen, Schmetterlinge und andere Lebewesen. Trotz der nahen Straße war es still. Inmitten der einstigen Parklandschaft mit alten Bäumen war ich allein mit meiner Fantasie und der Geschichte des historisch bedeutsamen Ortes. Es war ein verwunschener Platz, mit mystischer Atmosphäre, wie man sie nur an verlassenen Stätten spürt. Umso überraschter war ich bei meinem letzten Besuch: Das Grundstück ist erschlossen, eine Reisegruppe läuft umher, und das *Restaurant Klosterstube* lädt zu Mittagstisch und Kuchen. Die friedliche Stimmung ist noch immer zu spüren; auch deswegen finde ich den Ort genauso sehenswert wie zuvor.

Bei der Weihung 1237 war die Klosterkirche nach dem Kölner Dom das zweitgrößte Gotteshaus der Region. 1189 hatten Zisterziensermönche eine Abtei auf dem Petersberg gegründet, doch bald zogen sie in das Heistertal (»Heister« bedeutet »Buchen«), wo es Verkehrswege, Wasser und fruchtbare Böden gab. 1588 wurde Kloster Heisterbach geplündert und blühte erst im 18. Jahrhundert wieder auf. Nach der Säkularisation diente es als Steinbruch; 1919 kauften die Cellitinnen das Gelände und ließen die neue Kirche errichten. Inzwischen ist nur noch das Generalat des Ordens hier ansässig.

Der vergessene Eindruck von einst täuschte. Eine Stiftung erforscht seit 1984 die Geschichte der Abtei, zudem war es Thema eines Symposiums. Daher ist das Areal nun in seiner Ganzheit mit Geschichte und Architektur erlebbar, und dass es der Nachwelt erhalten bleiben wird, begrüße ich.

In der Zehntscheune des Klosters wird ein Film über die Geschichte der Abtei gezeigt, mit computerbasierter Rekonstruktion der Kirche.

Bungertshof
Heisterbacher Straße 149
53639 Königswinter-Oberdollendorf
02223 2958520
www.bungertshof.com

ANWESEN MIT FACHWERKCHARME
Bungertshof

Da ich ein Faible für schöne Gartenlokale habe, mag ich diese Sommerterrasse, die sich auf der Rückseite eines historischen Gebäudeensembles befindet. Man blickt auf stattliches Fachwerkgebälk und ortsbildprägende Weinberge. Junge Kastanienbäume und klappbare Holzmöbel schaffen ein gepflegtes und zugleich entspanntes Ambiente. Auf einem Podest steht ein Loungesofa: Dank des Glasdaches ist es auch bei leichtem Sommerregen ein komfortables Plätzchen.

Inmitten von Königswinter-Oberdollendorf gelegen, ist das Anwesen auch von der Straßenseite beeindruckend. Die beiden Objekte bilden eine optische Einheit, weil sie durch eine Mauer verbunden sind. Das Fachwerkhaus ist der ältere Teil; seine Balken sind auch innen erhalten – in der *Weinbar 1444*, die nach der ersten urkundlichen Erwähnung des Gebäudes benannt ist. Ursprünglich war es ein Obsthof, wovon sich sein Name ableitet (»Bungert« = altdeutsch für »Obstgarten«). Erster offizieller Besitzer war Herzog von Berg, der das Gut an einen Graf verpfändete. Ab 1725 war Familie Gratzfeld verantwortlich.

Im 19./20. Jahrhundert wurde der Anbau aus Ziegelstein errichtet, der zur Blütezeit des Tourismus im Siebengebirge ein Hotel beherbergte und in dem sich ein Veranstaltungssaal befindet. Neben dem regulären Gastronomiebetrieb richtet das Team (auch im Garten) Feiern aus, wobei man mit Caterern zusammenarbeitet. Eine Besonderheit ist die Weinkarte mit rund 350 Weinen vor allem aus Deutschland, Frankreich und Südafrika. Serviert werden gutbürgerliche und mediterrane Gerichte.

2012 kaufte Andreas Lelke das Anwesen. Der gelernte Konditor führte zuvor das Weinhaus Gut Sülz und wollte den Bungertshof ursprünglich verpachten. Doch die Renovierung war aufwendiger als gedacht, und mit der Investition von Zeit und Geld stieg die Verbundenheit.

An den Rebhängen von Königswinter-Oberdollendorf führt ein Weinwanderweg entlang.

73

Bastei
Von-Sandt-Ufer 1
(Ecke Rheinallee)
53173 Bonn-Bad
Godesberg
0228 3680433
www.bastei-bonn.de

CHARMANTES STATIONSHÄUSCHEN
Bastei

Die Bastei lernte ich kennen, als ich gerade nach Köln gezogen war, und habe sie seitdem immer wieder aufgesucht. Sie ist nicht weit von der Domstadt entfernt und lockt mit gutem Essen in entspannter Atmosphäre. Drei Lokale erfüllen unterschiedliche Ansprüche: In der Schenke mit Gewölbedecke werden rheinische Gerichte serviert, im Restaurant mit besonders großer Terrasse kann man gutbürgerliche Speisen wählen und der Biergarten auf dem Dach bietet Salate und Pizza. In das niedliche Fliegenpilzhäuschen kann man sich bei schlechtem Wetter zurückziehen. Von hier hat man direkten Zugang zum Panoramapark mit seiner wunderschönen Ahornallee. Traumsicht auf das Siebengebirge hat man auf allen Ebenen: Herz, was willst du mehr?

Errichtet wurde das Gebäude um 1900, nachdem Plittersdorf und Rüngsdorf in das damals noch selbstständige Bad Godesberg eingemeindet worden waren. Dass sich der Ort von da an bis zum Rhein erstreckte, war für seine Entwicklung entscheidend. Damit die Ausflugsboote der Köln-Düsseldorfer Schifffahrtsgesellschaft halten konnten, wurden eine Landebrücke und das Stationshäuschen – die heutige Bastei – errichtet, in dem sich Wartesäle und Ticketverkauf befanden. Außerdem wurde die Promenade angelegt und via Rheinallee mit dem Ortskern verbunden. Zu Beginn des 20. Jahrhunderts legte an der Bastei der Schaufelraddampfer *Stolzenfels* ab, 1908 wurde ein Anleger für eine elektrische Fähre in Betrieb genommen. Die Verbindung zum gegenüberliegenden Ufer gibt es weiterhin; auch Ausflugsschiffe halten nach wie vor an der Bastei.

Bad Godesberg ist der südlichste Stadtteil von Bonn. Nachdem Kurfürst Max Franz von Habsburg 1789 den Auftrag zum Ausbau erteilte, errichteten Kaufleute und Bankiers hier ihre Sommersitze, die in den Hauptstadtjahren viele Botschaften beherbergten.

Im Panoramapark an der Bastei befindet sich ein Spielplatz mit Seilbahn.

74

Bundeskunsthalle
Kunst- und Ausstellungshalle der Bundesrepublik Deutschland GmbH
Museumsmeile Bonn
Helmut-Kohl-Allee 4
53113 Bonn-Gronau
0228 9171200
www.bundeskunsthalle.de
www.museumsmeile-bonn.de

INSPIRATION AUF VERSCHIEDENEN EBENEN
Bundeskunsthalle

Seit ihrer Eröffnung 1992 führt mich mein Weg regelmäßig zur Bundeskunsthalle an der Museumsmeile, wo sie eines von fünf Museen ist. Markant sind die spitzen blauen Lichtschächte auf dem Dach, wo wechselnde Gärten angelegt werden, die über eine Freitreppe zu erreichen sind. Zum Gelände gehört ferner ein großer Außenbereich. Besuche erweitern nicht nur den Wissenshorizont, sondern sind oft Erlebnisse für die Sinne, wie die Schau zu frühen Kulturen im Iran, bei der das Restaurant persische Gerichte servierte. Diese Ausstellung mit nie zuvor öffentlich gezeigten Exponaten hat mich sehr beeindruckt, weil sie einen Einblick in das geistig-kulturelle Leben des Landes bot. Mein Lieblingsbereich war der Garten, der sich an historischen Grünanlagen Persiens orientierte. Auch die Ausstellung *Der Rhein: Eine europäische Flussbiografie* fand ich wegweisend, weil sie seine Kulturgeschichte vom Quellgebiet bis zur Mündung in die Nordsee dokumentierte. Seitdem weiß ich, wie wild der Strom mit seinen mystisch aussehenden Auenwäldern und riesigen Felsen vor der Begradigung ausgesehen hat, und verstehe, warum sich die Romantiker von dieser Dramatik angesprochen fühlten.

Furore machte auch die Schau *Von Mossul nach Palmyra: Eine virtuelle Reise durch das Weltkulturerbe*, bei der Wandprojektionen mittels 3D-Brillen den Eindruck erweckten, man stünde an Schauplätzen in Palmyra, Mossul, Aleppo oder Libyen. Im Hinblick auf die Lage im Nahen Osten und in Nordafrika ermöglichte sie ein virtuelles Erlebnis, das real derzeit nicht möglich ist, und führte die Bedeutung des Kulturraumes und seines Erhaltes für die Menschheit vor Augen. Die Bundeskunsthalle wird ihrem Anspruch, den geistigen und kulturellen Reichtum Deutschlands und der Welt zu repräsentieren, meiner Ansicht nach bestens gerecht.

Das Team der Bundeskunsthalle organisiert ein umfangreiches Veranstaltungsprogramm, darunter die Reihe *Wednesday Late Art*.

75

Wildpark Venusberg
An der Waldau 50
53127 Bonn-Venusberg

Touristeninformation
Windeckstraße 1
am Münsterplatz
53111 Bonn
0228 775000
www.bonn.de

ERLEBNISRAUM NATUR
Wildpark Venusberg

In der weitläufigen Waldau, einem Waldgebiet auf dem Venusberg, haben Familien viel Platz zum Toben und Spaßhaben: Erste Anlaufstelle ist für viele das städtische Wildgehege. In drei Revieren leben artgerecht Rot-, Dam- und Schwarzwild, Letztere werden landläufig meist als Wildschweine bezeichnet. Die Tiere können sich jederzeit zurückziehen, wenn ihnen der Trubel zu groß wird, was an schönen Wochenenden schon mal der Fall ist. Oft suchen sie aber die Nähe der Menschen und genießen das Spezialfutter, das Besucher an Automaten erwerben und über Futterrutschen an sie weiterleiten. Wer den 250 Jahre alten Kopfbuchenpfad sieht, versteht, warum er auch als Gespensterwald bezeichnet wird: In zwei Metern Höhe beschnitten, bildeten die Bäume immer neue Äste, was zu sonderbaren Formen führte.

Besonders schön finde ich es, das Areal im Wechsel der Jahreszeiten zu erleben und dabei den Lebensrhythmus der Tiere kennenzulernen. Im März bringen die Wildschweine ihre Frischlinge zur Welt, Mai und Juni ist Geburtszeit bei den Hirschen und ab September/Oktober herrscht Brunft bei den Rot- und Damhirschen. Mit etwas Glück kann man Bechsteinfledermäuse, Waldkäuze, (harmlose) Ringelnattern, Dachse und viele weitere frei lebende Tiere beobachten. Wer einen besseren Überblick haben möchte, besteigt den Aussichtsturm.

Der große Abenteuerspielplatz gegenüber vom Wildgehege begeistert sowohl kleinere wie größere Kinder, denn neben den gängigen Spielgeräten werden Hängebrücken, Skateboard- und Rollschuhbahn, Labyrinth, Kletterwand und ein etwa fünf Meter hoher Baumstumpf geboten, in den man sich hineinsetzen kann. Zur Einkehr lockt das *Gasthaus Waldau;* wer sich informieren möchte, besucht das *Haus der Natur* mit seinem Bauerngarten. Die Waldau geht in ein weiteres Gehölz über, den Kottenforst.

Der 2,7 Kilometer lange Rundweg *Weg der Artenvielfalt* führt am Wildgehege vorbei und vermittelt Kindern und Erwachsenen spielerisch das Leben im Wald. Mit Erlebnisstationen und Infotafeln. Barrierefrei.

76

Café Mauel 1883
Sigmund-Freud-Straße 22
53127 Bonn-Venusberg
02225 91500
www.mauel1883.de

CHARMANTER RUNDBAU
Café Mauel 1883

Seit Langem finde ich, dass die Architektur der 1950er-Jahre in Deutschland unterschätzt wird. Immer wieder werden Gebäude aus jener Zeit abgerissen, obwohl sie gut erhalten sind, oder durch Umgestaltung unwiderruflich zerstört. Umso mehr freut es mich, wenn ich Bauwerke der Nachkriegsära sehe, die (weitgehend) original erhalten sind. Als ich das *Café Mauel 1883* durch Zufall entdeckte, war ich sofort hin und weg. Das Café gehört zu einer Siedlung, die sich zwischen Sigmund-Freud-Straße und Sertürnerstraße erstreckt. Gegenüber des Universitätsklinikums auf dem Venusberg gelegen, bildet es den Abschluss der an diesem Punkt aufeinandertreffenden Häuserreihen und ist dank seiner Lage an der erwähnten Straßenkreuzung markanter Blickfang.

Leicht und schwebend wirkt der Rundbau, was typisch ist für die Architektur dieses Jahrzehnts: Das flache Dach ragt weit über die Fassade hinaus. Mit dem orangefarbenen Anstrich vor den zartgelben Wohnhäusern fällt der Bungalow auch farblich auf. Panoramascheiben, vermutlich eine Idee jüngerer Zeit, lassen viel Tageslicht herein; ein Schild und eine überdimensionale Kaffeetasse auf dem Dach weisen ihn als Café aus. Vor dem Gebäude befindet sich eine Terrasse mit Gartenstühlen und Strandkörben; Hecken schützen vor neugierigen Blicken, Bäume vermitteln Geborgenheit. Reichhaltig (und lecker) ist die Auswahl an süßen und herzhaften Back- und Konditorwaren, die in einer Theke präsentiert werden. Der Familienbetrieb wurde 1883 in Wormersdorf (heute Rheinbach) als Dorfbackstube gegründet. Inzwischen zählen 23 Filialen zwischen Remagen und Köln zum Unternehmen.

Nach meinem Lieblingsplatz in diesem Café gefragt, muss ich nicht überlegen: Am liebsten sitze ich in einem Strandkorb auf der Terrasse und beobachte die Spatzen beim Aufpicken von Krümeln.

In rund zwei Kilometern Entfernung liegt das Melbbad, für mich eines der schönsten Freibäder der Stadt (Trierer Straße 59, 53115 Bonn, www.melbbad.net).

77

Heilige Stiege
Stationsweg 21
53127 Bonn-Endenich
0228 289990
www.nrw-tourismus.de/
heilige-stiege-bonn

NACHBAU DER SCALA SANCTA IN ROM
Heilige Stiege

Spätbarock in Vollendung sieht man selten im Rheinland, bei uns sind Bauwerke dieser Epoche meist dezent gehalten. Mit ihrem Reichtum an Marmor und Gold, Putten und Ranken gilt das nicht für diese Andachtsstätte, die ein Nachbau der Scala Sancta in Rom ist. Eine weitere Besonderheit: Die Heilige Stiege ist im Rheinland die einzige ihrer Art, während vergleichbare Sakralbauten in Bayern zwischen 1600 und 1770 üblich waren. Sie gehört zur Bonner Kreuzbergkirche und ist ein Gesamtkunstwerk aus Architektur, Malerei und Skulptur. Architekt war Balthasar Neumann, der auch die Würzburger Residenz entworfen hat. Die Heilige Stiege wurde 1751 im Auftrag des Kölner Fürstbischofs Clemens August errichtet.

Lebensgroße Skulpturen schmücken das rechteckige Gebäude über dem Eingangsportal: Diese stellen die Szene dar, als am Palast des römischen Statthalters Pontius Pilatus ein zum Tode Verurteilter dem Volk vorgeführt wurde: Jesus von Nazareth. Zu seiner Rechten steht ein Soldat, der das Urteil befürwortet, auf der anderen Seite Pilatus, der ihn zwar für unschuldig hält, aber der Hysterie des Volkes überlässt, das die Kreuzigung fordert. Zuvor soll Jesus dornenbekrönt und gegeißelt 28 Stufen erklommen haben. Alljährlich in der Karwoche spüren Pilger seinem Leiden auf Knien nach, über sich den Kreuzweg als Freskomalerei: die grausame Passionsgeschichte in lichten Farben.

Hinter dem Altar mit dem gekreuzigten Jesus gewährt ein Fenster Einblick in den privaten Gebetsraum des Fürstbischofs: Ein Deckengemälde zeigt den auferstandenen Christus mit mächtigem Strahlenkranz. Auf dem Hochaltar im Kirchenraum sieht man die heilige Helena: Der Legende nach hat sie 326 jene Treppe, die Jesus bewältigt haben soll, im Jerusalemer Pilatuspalast entdeckt und in den Lateranpalast nach Rom überführt.

Die Heilige Stiege ist ganzjährig während der Öffnungszeiten von außen zu besichtigen (Blick durch ein Eisentor). Geöffnet ist sie an Karfreitagen und Karsamstagen sowie zum Patronatsfest am 14. September.

78

Kanzlerbungalow
Auf dem Gelände des
Bundeskanzleramtes in
53113 Bonn-Gronau

Informationen:
Haus der Geschichte
Museumsmeile
Willy-Brandt-Allee 14
53113 Bonn
0228 9165400
www.hdg.de

© Axel Thunker, Haus der Geschichte, Bonn

WOHNZIMMER DER MÄCHTIGEN
Kanzlerbungalow

Viele Staatschefs verfügen über repräsentative oder gar prunkvolle Amts- und Wohnsitze – man denke an das Weiße Haus oder den Élysée-Palast. Der Kanzlerbungalow irritiert daher manche Besucher. Zwei Atriumhäuser sind miteinander verbunden: Das größere diente offiziellen Anlässen, an das sich ein Privatgebäude anschließt – nur durch eine Schiebetür getrennt. Bei Bedarf kann man im offiziellen Teil Wände hoch- oder herunterfahren, es gibt zahlreiche Sitzgruppen und eine Großküche. Rundum mit Panoramafenstern versehen, hat man freien Blick in den Park: ein Landschaftsschutzgebiet am Rhein mit alten Bäumen. Die Aussicht gefällt, doch die meterhohen Panzerglasscheiben, die wegen des RAF-Terrorismus installiert wurden, erinnern den Besucher daran, wo er sich aufhält.

Erbaut wurde das Haus 1963 auf dem Gelände von Palais Schaumburg und Villa Hammerschmidt, damals erster Dienstsitz von Bundeskanzler und Bundespräsident. Ausführender Architekt war Sep Ruf, den Auftrag erteilte Ludwig Erhard, Nachfolger von Konrad Adenauer. Der Bungalow sollte Offenheit, Transparenz und Bescheidenheit ausstrahlen – das Gegenteil zum Protz der Nationalsozialisten. Bis zum Umzug der Bundesregierung nach Berlin 2001 wurde er genutzt. Kein Kanzler war von ihm so angetan wie Erhard. Kritisiert wurden die mangelnde Behaglichkeit und die Enge in den Privaträumen, auch die Dauerkontrolle durch Bundesgrenzschutz und Kripobeamte wirkten abschreckend. Einige Regierungschefs nutzten nur den offiziellen Teil (Brandt, Schröder) oder fuhren an den Wochenenden heim (Kiesinger, Schmidt). Helmut Kohl hingegen lebte hier über seine Amtszeit hinaus und zahlte Miete – wie alle, die den Bungalow privat nutzten. Der amtliche Bereich wurde für Staatstreffen und Empfänge verwendet sowie als Gästehaus und Krisenzentrum.

Der Bungalow liegt am *Weg der Demokratie* und kann im Rahmen von Führungen besichtigt werden. Wichtige Hinweise dazu finden Sie auf der Homepage der Stiftung *Haus der Geschichte*: www.hdg.de.

79

Bundesbüdchen
Heussallee / Ecke Platz der Vereinten Nationen / am Eingang der UNO
53113 Bonn-Gronau
www.bundesbuedchen.de

Informationen:
Förderverein historischer Verkaufspavillon Görresstraße e.V.
Hochstadenring 50
53119 Bonn
0228 969760

TREFFPUNKT DER POLITPROMINENZ
Kiosk Bundesbüdchen

Dass dieser Kiosk lange ein Schattendasein fristen musste, können viele Menschen nicht verstehen. Zwölf Jahre stand er auf einem Bauhof, bevor er in jüngster Zeit fast an seinen ursprünglichen Platz zurückkehrte.

Der ovale Stand hat einen Sockel aus grauen Kacheln, ist rundum verglast und bietet 20 Quadratmeter Verkaufs- und Lagerfläche. Mit seinem ausladenden Dach gewährt er Schutz vor Regen und Sonne. Fast 50 Jahre stand das Büdchen zwischen Bundeskanzleramt, Bundesrat und Bundestag und war informeller Treffpunkt für alle, die mit dem Politgeschehen zu tun hatten. Es repräsentiert die Nachkriegsära und ist ein Symbol für die Bonner Hauptstadtjahre.

Überregionale Berühmtheit erlangte es, als der einstige WDR-Intendant Friedrich Nowottny 1981 bei *Wetten, dass…?* eine Wette verlor und zum Ausgleich am Büdchen Würstchen verkaufte. Daneben war es Kulisse für Spielfilme, Politsendungen und Comedyserien. Mit dem Umzug der Bundesregierung 2001 verlor das Häuschen seine prominenten Kunden, 2006 musste es dem *World Conference Center* weichen und wurde eingelagert. Es folgten mehrere Versuche des Wiederaufbaus, doch zunächst wurde Geld für die Sanierung benötigt. Die Bezirksregierung Köln beteiligte sich an den Kosten, ebenso die *Deutsche Stiftung Denkmalschutz* sowie ein Förderverein. Das Büdchen wurde unterkellert, mit einer Bodenplatte versehen und um Sitzplätze ergänzt.

Der ehemalige Inhaber Jürgen Rausch hat sein Büdchen dem Förderverein überlassen, mit der Auflage, es auf Lebenszeit nutzen zu können. Für seine Kunden wird er weiterhin da sein; während der Übergangszeit betrieb er einen Imbiss. Rauschs Mutter hatte das Unternehmen 1949 gegründet und zunächst eine Obstkarre genutzt, später einen Bretterverschlag und einen Anhänger, bis 1957 das markante Häuschen eingeweiht wurde.

Der Wiederaufbau ist für Ende 2019 geplant. In unmittelbarer Nähe zum Bundesbüdchen befindet sich das Marriott-Hotel mit einer Skybar im 17. Stock.

80

Neue Synagoge
Tempelstraße 2–4
53113 Bonn-Gronau

Informationen:
Synagogengemeinde Bonn K.d.ö.R.
Tempelstraße 2–4
53113 Bonn-Gronau
0228 213560 oder
0171 5915405

GOTTESHAUS DER 1950ER-JAHRE
Neue Synagoge

Die Synagoge ist ein Sinnbild für die wiedererstarkende jüdische Gemeinde in Bonn nach dem Zweiten Weltkrieg. Sie befindet sich in einer Verbindungsstraße zwischen Adenauerallee und Rhein, in der Nähe des Auswärtigen Amtes. Auffällig ist die rechteckige Grundform. Der Eingangsbereich mit Buntglasfenstern und flankierenden siebenarmigen Leuchtern teilt das Gebäude in zwei Bereiche: den Betsaal mit rhythmisch gestalteter Fassade und den Verwaltungstrakt (1958), der um ein Gebäude mit offenen Stellplätzen ergänzt (1966) und mit einem Küchenaufbau versehen wurde (1985).

Auf Luftbildern ist zu erkennen, dass die fächerartige Fassadengestaltung für Schau- und Rückseite angewendet wurde und der nach Osten (also zum Rhein) gerichtete Saalbau mit einer halbrunden Apsis abschließt. Frauenempore, Thoraschrein, Vorlesepult und andere Elemente verweisen auf die jüdische Tradition. Daneben gibt es Merkmale, die man auch von modernen Kirchen kennt, wie Stahlbeton und Glasflächen. Die Synagoge war eine von 18, die bundesweit zwischen 1950 und 1967 errichtet wurden. Ihr Architekt Helmut Goldschmidt galt als Fachmann.

Im 19. Jahrhundert war die jüdische Gemeinde in Bonn mit rund zwei Prozent Mitgliedern (von 28.000 Einwohnern) die größte des Kurfürstentums Köln. An der Universität der Stadt lehrten zahlreiche jüdische Professoren. 1875 trennten sich die liberale Stadtgemeinde und die orthodoxen Umlandgemeinden, der Friedhof wurde angelegt und am Rheinufer eine Synagoge errichtet, die wegen Baufälligkeit 1909 durch einen Neubau ersetzt wurde. Unweit der heutigen Kennedybrücke erinnert ein Denkmal daran, dass dieser in der Reichspogromnacht zerstört wurde. Derzeit zählt die jüdische Gemeinde 1.000 Mitglieder meist russischer Herkunft, die in ihrer Heimat wegen ihres Glaubens verfolgt wurden.

Veranstaltungen zu Judentum und Christentum organisiert die *Gesellschaft für Christlich-Jüdische Zusammenarbeit Bonn*. Nähere Infos unter https://bonn.deutscher-koordinierungsrat.de.

81

Botanischer Garten am
Poppelsdorfer Schloss
Meckenheimer Allee 169
53115 Bonn

Informationen:
**Botanische Gärten der
Universität Bonn**
Meckenheimer Allee 171
53115 Bonn
0228 735523
www.botgart.uni-bonn.de

ERHALT DER ARTENVIELFALT
Botanischer Garten am Poppelsdorfer Schloss

Wenn ich in Bonn bin, besuche ich gerne den Botanischen Garten am Poppelsdorfer Schloss, bei dem mir schon der Weg vom Hauptbahnhof über die gleichnamige Allee Freude bereitet: weil es hier nette Cafés für eine erste Pause gibt und man direkt auf das Barockschloss zuläuft. In den acht öffentlich zugänglichen Schaugewächshäusern sehe ich immer etwas Neues. Diese sind thematisch und geografisch gegliedert. Gerade im Frühjahr und Sommer empfinde ich es als Vergnügen, den Park mit seinem alten Baumbestand, den Teichen und schön angelegten Beeten zu erkunden. Da man drinnen wie draußen immer wieder Tiere entdecken kann, ist der Ausflug auch für Kinder zu empfehlen. Bei einer Führung erfährt man Wissenswertes über Bäume und Pflanzen, und auf der Terrasse des Café-Restaurants lässt es sich wunderbar entspannen.

Es ist einer der ältesten Botanischen Gärten Deutschlands; seine Existenz ist ab 1650 nachgewiesen: als Renaissancegarten mit Orangerie. Im Mittelalter befand sich an dieser Stelle eine Wasserburg, auf deren Resten Kurfürst Joseph Clemens 1715 den Bau des Schlosses Clemensruh veranlasste. Beendet wurde der Bau unter seinem Nachfolger Clemens August. Seit der Schenkung 1818 an die damals neu gegründete Universität Bonn befinden sich im Schloss das Mineralogische Museum und das Zoologische Institut, während auf den Außenflächen der Botanische Garten angelegt wurde. Neben dem Schlossgarten, mit 12 Hektar der größte Bereich, gibt es noch die öffentlich zugängliche Nutzpflanzensammlung am Katzenburgweg und den Melbgarten auf dem Venusberg, der für Besucher nur am Tag der offenen Tür zugänglich ist. Aufgabe ist der Erhalt der Artenvielfalt, weshalb die Einrichtung einem Netzwerk mit anderen Botanischen Gärten angehört. 13.000 Pflanzen aus aller Welt zählen zum Bonner Bestand.

Die stinkende Titanenwurz ist Wahrzeichen der Botanischen Gärten Bonn; ihre Blüte wird in der örtlichen Presse angekündigt.

82

Romanischer Kreuzgang des Bonner Münsters
Münsterplatz (Zugang über Gerhard-von-Are-Straße 5)
53111 Bonn
www.bonner-muenster.de

Informationen:
Katholische Kirchengemeinde St. Martin
Gangolfstraße 14
53111 Bonn
0228 9858842

WOHLTAT FÜR AUGEN UND OHREN
Romanischer Kreuzgang des Bonner Münsters

Das Bonner Münster befindet sich in der Innenstadt, die mit ihren Verlockungen und den vielen vorbeieilenden Menschen einen starken Kontrast zum Kreuzgang bildet, der für mich umso mehr ein Ort der Ruhe und inneren Einkehr ist. In Kirchen halte ich mich (auch aus kunsthistorischen Gründen) gerne auf, aber Kreuzgänge mag ich noch lieber: Die Verbindung von Geschichte, Architektur und einem frei zugänglichen Garten, der im Idealfall eine Verbindung zur Natur herstellt und nicht (nur) als Grabstätte für verstorbene Kleriker dient, ist einzigartig.

Das gilt für diesen Innenhof ganz besonders, dessen strenge Symmetrie auf das Wesentliche beschränkt ist. In der Mitte befindet sich ein stetig plätschernder Brunnen, der von duftendem Lavendel eingerahmt ist; kreuzförmig sind die Wege angeordnet. Buchsbäume und weißrosa blühende Rosen bilden markante Blickpunkte. Mit ihrer romanischen Formensprache und den mediterranen Pflanzen erinnert die quadratische Anlage an vergleichbare Bauten in Südeuropa.

Regelmäßig finden im Kreuzgang Veranstaltungen statt. Ein schönes Erlebnis auch für Nichtkatholiken ist das Fest Mariä Himmelfahrt, bei dem man mitgebrachte oder vor Ort erworbene Kräuter segnen lassen kann. Beliebt sind die Adventsmärkte, denn die weihnachtliche Atmosphäre in den Bogengängen ist ein stimmungsvolles Erlebnis. Und auch für kulturelle Darbietungen, wie Konzerte und Lesungen, werden die Türen geöffnet.

Das Münster geht auf einen älteren Kirchenbau zurück – das im 7. Jahrhundert gegründete und im Rahmen der Säkularisation 1802 aufgelöste Cassius-Stift, zu dem ein Kreuzgang von etwa 1140 gehörte. In jüngster Zeit wird die Kirche einer Generalsanierung unterzogen, bei der Archäologen im Garten auf Tonmurmeln und Skelette stießen, die (bis jetzt) nicht zugeordnet werden konnten.

Das Geburtshaus von Gartenarchitekt Peter Joseph Lenné befindet sich in der Konviktstraße 4 in 53113 Bonn.

83

Ein **Brückenmännchen** ist am linksrheinischen Stützpfeiler der **Kennedybrücke** zu sehen; das zweite Brückenmännchen und die **Waschfrau** (siehe Foto) befinden sich an der Fähranlegestelle in Beuel (an der Hochwasserschutzmauer).

Touristeninformation
Windeckstraße 1
am Münsterplatz
53111 Bonn
0228 775000
www.bonn.de

TYPISCH RHEINISCHE ANEKDOTE
Kennedybrücke mit Brückenmännchen

Als Beuel noch eigenständig war, waren sich der rechtsrheinische Ort und die spätere Bundeshauptstadt vom gegenüberliegenden Ufer »in herzlicher Abneigung« verbunden. Hintergrund war, dass die Dörfler nicht nach Bonn eingemeindet werden wollten. Beim Bau der Alten Rheinbrücke 1898 konnten sich die beiden Parteien auf keinen Standort einigen. Die Beueler wollten den Übergang auf Höhe ihrer Gemeinde haben, doch die Städter bauten ihn so, dass er auf der rechten Rheinseite mitten in den Feldern endete, wo in den ersten Jahren keine Zufahrtswege vorhanden waren. Daher verweigerte Beuel anfangs die finanzielle Beteiligung, worauf die Städter mit einer Skulptur reagierten, die sie am Beueler Brückentor montierten und deren blanker Hintern in Richtung des Dorfes wies. Die Beueler revanchierten sich mit einer böse schauenden Waschfrau, die wurfbereit Pantoffeln in den Händen hielt – das Wäschereigewerbe spielte damals für die Siedlung eine wichtige Rolle.

Diese Anekdote erzählt mein Vater, sobald wir über den heutigen Stadtteil sprechen, denn mein Opa lebte bis zu seiner Heirat hier. Ich mag die Geschichte, weil sie zeigt, wie humorvoll die Rheinländer sind. Originell finde ich außerdem, dass seinerzeit Postkarten mit dem Spruch verschickt wurden: »Am Brückentor auf der alten Rheinbrücke gen Beuel gewandt, dies kleine Männchen sein Plätzchen fand. Zum Trotze der Beueler rief es ganz laut, Bonn hat die Brücke alleine gebaut.« Was nicht stimmt, denn der Ort zahlte später seinen Anteil.

Die Alte Rheinbrücke wurde während des Zweiten Weltkriegs zerstört. Auf ihren Pfeilern wurde 1948/49 eine neue Brücke errichtet, die seit 1963 »Kennedybrücke« heißt. Seitdem wechselten die Skulpturen mehrfach ihren Standort; das Brückenmännchen existiert nur noch als Duplikat (dafür in zweifacher Ausführung).

Zwischen den beiden Ufern pendelt die Personenfähre M.S. Rheinnixe. www.rheinnixe.com

84

August Macke Haus
Hochstadenring 36
53119 Bonn-Nordstadt
0228 655531
www.august-macke-haus.de

GEDENKSTÄTTE FÜR EINEN KÜNSTLER
August Macke Haus

Bonn ist als Kurfürstliche Residenzstadt und Wirkungsstätte von Ludwig van Beethoven bekannt. Auf verschiedenste Weise wird der berühmte Sohn geehrt: mit Denkmal, Konzerthalle, Festival und Geburtshaus (Bonngasse 20). Weitere Persönlichkeiten, die hier lebten, sind in der öffentlichen Wahrnehmung nicht so präsent – wie August Macke. Bürger hatten seit den 1980er-Jahren sein Wohnhaus vor dem Abriss bewahrt, sich für ein Museum und später für einen Erweiterungsbau eingesetzt, der 2017 eröffnet wurde – ohne finanzielle Beteiligung der Stadt. Wie zum Trotz ziert sein Konterfei die Glasfront, die den historischen Teil mit dem modernen Flügel verbindet und das dreiseitige Gebäude zur Straße abgrenzt. In diesem Bereich befindet sich ein Minigarten mit Café.

Der Künstler wurde 1887 im Sauerland geboren. Als 13-Jähriger ging er mit der Familie nach Bonn, 1911 zog er mit seiner Frau in das heutige August Macke Haus, das ursprünglich zum Fabrikgelände des Schwiegervaters gehörte. 1910 und 1913 kamen die Söhne Walter und Wolfgang zur Welt.

Im Dachgeschoss richtete sich der Maler ein Atelier ein, in dem er mit Franz Marc ein Wandbild anfertigte, das als Reproduktion betrachtet werden kann. Das Original befindet sich in Münster. Obwohl Macke nur 27 Jahre alt wurde – er starb als Soldat im Ersten Weltkrieg –, schuf er 600 Gemälde und 9.000 Zeichnungen. Da im Museum nur wenige Originale zu sehen sind, liegt der Fokus auf der (multimedialen) Dokumentation seines Lebens, auf Freundschaften und den für sein Wirken so bedeutenden Reisen. Ein enges Verhältnis hatte Macke zu seiner Frau Elisabeth, die er mehr als 200-mal porträtierte. Daneben hielt er den Blick aus dem Atelier, die Straßen, den Garten fest. Im Anbau ist Platz für Sonderausstellungen, Magazine und museumspädagogische Angebote.

Elisabeth Erdmann-Macke schildert in dem Buch *Erinnerungen an August Macke* ihr Leben an der Seite des Künstlers.

85

Heimatmuseum Beuel
Wagnergasse 2–4
53225 Bonn-Beuel
0228 463074
www.hgv-beuel.de

KLEINOD IN DER STADT
Heimatmuseum Beuel

Für die Geschichte des bis 1969 selbstständigen Ortes Beuel interessiere ich mich seit Langem, und dessen Heimatmuseum ist eine beeindruckende Institution: zum einen, weil es sich in einer idyllischen Hofanlage mit Häusern verschiedener Epochen (und einem großen Walnussbaum) befindet, zum anderen, weil die Lokalgeschichte umfassend dokumentiert wird. Die Exponate spannen einen Bogen von der Vorgeschichte bis zur Eingemeindung nach Bonn.

Das Museum gehört der Stadt, existiert aber nur dank des (bis heute anhaltenden) Bürgerengagements: Bereits 1947 gründeten Interessierte den *Heimat- und Geschichtsverein Beuel am Rhein*, 1986 wurde das Museum eröffnet. Erstes Gebäude (von vier) war das Fachwerkhaus von 1726 – das einzige Haus Beuels, welches das Eishochwasser von 1784 überstanden hat, weil die Grundmauern aus Stein waren. Gezeigt wird die typische Wohneinrichtung des 19. Jahrhunderts, eine Frisierstube und ein Schulzimmer. Ein weiterer Schwerpunkt ist die Wirtschaft. In der vorindustriellen Zeit spielten Fischerei, Schifffahrt und das Wäschereigewerbe eine bedeutende Rolle. In Beuel wurde ein Großteil der Wäsche aus der Umgebung gewaschen, auch aus Köln. An die beschwerliche Arbeit erinnern Fotografien, Bottiche, Plätteisen. Hilfsmittel, wie ein Waschbrett, kamen erst im 19. Jahrhundert auf den Markt, in dessen Verlauf zunehmend Großwäschereien eröffneten. Zur Verkehrsentwicklung gehörten verschiedene Formen der Flussquerung, wie Gierponte (nur durch Strömung angetriebene Seilfähre) und Trajekt (= Eisenbahnfähre), ferner die zerstörte erste Rheinbrücke. Das Wappen, das man mehrfach sieht, erinnert an die Ernennung Beuels zur Stadt 1952: Auf goldenem Grund sind 13 blaue Sterne – als Symbol für die Dörfer, die Beuel bildeten – und ein Schiff auf dem Rhein abgebildet.

1824 rebellierten Beueler Waschfrauen, indem sie die Weiberfastnacht ins Leben riefen: weil ihre Männer nach Köln fuhren, um gewaschene Wäsche auszuliefern, stattdessen aber dort Karneval feierten.

86

Sankt Maria und Sankt Clemens
Dixstraße 41
53225 Bonn-Schwarzrheindorf

Informationen:
Pfarrbüro St. Maria und St. Clemens (Schwarzrheindorf)
Dixstraße 41
53225 Bonn
0228 461609
www.katholisch-an-rhein-und-sieg.de

ROMANISCHES KLEINOD
Doppelkirche Sankt Maria und Sankt Clemens

Auf einer Anhöhe in der Nähe zum Rhein wurde diese Kirche errichtet, die den Mittelpunkt von Schwarzrheindorf mit seiner gewachsenen Struktur markiert. Ringsherum befinden sich Felder, Wohnhäuser und die Rheinauen, in der Nähe führt eine Ausfallstraße zur Autobahn.

Das romanische Gotteshaus hat einen kreuzförmigen Grundriss mit halbrunder Altarnische im Osten und zweijochigem Saal im Westen. Ein quadratischer Turm ziert das Gebäude, Rundbogenfriese und Mauerblenden sind weitere Stilelemente. Auch eine Zwerggalerie ist vorhanden, die mehr ist als Dekoration: ein begehbarer Laufgang mit Brüstung. Blickt man aus nordwestlicher Richtung auf die Kirche, sieht man, dass Basalt ein wichtiger Baustoff war, der für das Fundament und die sogenannte Unterkapelle genutzt wurde, während die Oberkapelle aus Tuffstein errichtet wurde. Es ist ein optisch widersprüchliches Kleinod, mit Merkmalen, die es wuchtig erscheinen lassen, und anderen, die ihm Leichtigkeit verleihen.

Zwei Kapellenräume mit jeweils eigenen Altären wurden übereinander angeordnet und sind, wie beim Aachener Dom, durch eine achteckige Öffnung miteinander verbunden. Die Oberkirche ist der Gottesmutter, die untere dem heiligen Clemens gewidmet. Errichtet wurde das 1151 geweihte Gotteshaus auf Geheiß von Arnold von Wied, Erzbischof von Köln. Abbruchreste weisen auf frühere Gebäude hin, vielleicht die Burg des Bauherrn, wofür auch die Anordnung der Kapellen sprechen könnte, die sich bei anderen Burgen bewährt hat, und die (für Burgen typische) Lage auf einer Erhebung. Nach dem Tod des Bauherrn wurde die Doppelkirche zum Benediktinerinnenkloster umgebaut, das während der Säkularisation 1803 aufgelöst wurde. Kunsthistorische Bedeutung hat sie unter anderem wegen der Wandmalereien, die Szenen aus der Bibel zeigen.

Individuelle Besichtigungen sind zu folgenden Zeiten möglich: Sommer: 9 bis 18 Uhr, Winter: 9 bis 17 Uhr, außer montags und während der Messen.

87

Burg Wissem
Burgallee 1
53849 Troisdorf
02241 8841427
(Bilderbuchmuseum)
www.troisdorf.de/
bilderbuchmuseum

EINZIGARTIGES BILDERBUCHMUSEUM
Burg Wissem

Mein erster Besuch dieser einstigen Wasserburg fand an einem Wochenende im Rahmen eines Kreativmarktes statt. Der Innenhof der nahezu geschlossenen Anlage ist für solche Veranstaltungen ideal. Beliebt ist Burg Wissem aber auch an Werktagen, wenn Hochzeitsgesellschaften, Museumsgäste und Spaziergänger aufeinandertreffen.

Die idyllische Lage bietet viele Freizeitangebote. Zum Areal gehören ein Wasserspielplatz, ein Wildgehege mit Sikahirschen, mehrere Gastronomiebetriebe und einige Museen. Außerdem ist das Anwesen eines von vier Portalen zur Wahner Heide, dem artenreichsten Naturschutzgebiet von Nordrhein-Westfalen. Wer wandern möchte, erhält in der Touristeninformation, die im Nordflügel der Burg angesiedelt ist, die nötigen Informationen.

Historischer Kern der Anlage ist das klassizistische Herrenhaus, das um 1840 unter Einbeziehung barocker Bausubstanz errichtet wurde. In den barrierefreien Räumen werden diverse Sammlungen künstlerischer Bilderbuch-Illustrationen gezeigt, wobei die Exponate regelmäßig ausgetauscht werden, um Schäden an den empfindlichen Werken zu vermeiden. Im Mittelpunkt steht die Begegnung der Besucher: an Spielestationen, wo die ganze Familie Spaß haben kann, an gemütlichen Sitzgelegenheiten, die (insbesondere an Regentagen) zum Vorlesen einladen.

Grundstock für das Museum bildete die umfangreiche Schenkung eines Troisdorfer Kaufmanns von mehr als 2.000 wertvollen Bänden vom 15. Jahrhundert bis in die 1950er-Jahre, die durch Zukäufe und Dauerleihgaben ergänzt wurde. Zu nennen sind in dem Zusammenhang unter anderen Janosch und Helme Heine. Regelmäßig gibt es Schauen zu Illustrationen und Künstlerbüchern, die sich an Erwachsene richten, wie die Vater-und-Sohn-Geschichten von e.o.plauen und die Bilderzählungen der israelischen Künstlerin Merav Salomon.

Toll finde ich das Caffé dell'Arte mit seiner idyllischen Gartenterrasse, das zur Burganlage gehört (02241 1694581).

88

Die **Siegfähre** legt an der Gaststätte *Zur Siegfähre* ab.

Zur Siegfähre 7
53884 Troisdorf-Bergheim
0228 475547
www.siegfaehre.de

IDYLL MIT HOHEM FREIZEITWERT
Siegaue mit Siegfähre

Die Siegaue ist die nördliche Grenze des Mittelrheintales: Ein Flussdelta mit Wiesen, Weiden, Gehölzinseln und Auwaldresten, dazwischen mehrere Altarme. Mit rund 520 Hektar Fläche gehört der größte Teil zu Troisdorf, auf Bonn und Niederkassel entfallen 165 Hektar. Es ist ein Biotop für seltene Tierarten, darunter Wat- und Wasservögel, die auf Kies-, Sand- und Schlammbänken ideale Brut- und Nahrungsbedingungen vorfinden und die sich bis zum Sieglarer See ausdehnen können. Die blütenreichen Magerwiesen sind optimal für Heuschrecken sowie Tagfalter, die Kopfweiden beherbergen Steinkauz, Fledermaus und Siebenschläfer. Vor einigen Jahren wurde der Lachs wieder angesiedelt. Es ist ein idyllisches Fleckchen, doch mit Bedauern beobachten Biologen den Rückgang an Tierarten, weil viele Besucher die Vorschriften des Naturschutzgebietes missachten.

Dass die Region von der Dynamik zweier Flüsse geprägt ist, hat zur Folge, dass das Areal fast jedes Jahr überflutet ist, teilweise sogar mehrmals. Wer hier ein Restaurant führt, braucht gute Nerven. Seit 1973 wird das Lokal *Zur Siegfähre* von Familie Adscheid betrieben, mittlerweile in zweiter Generation. Erbaut wurde es bereits 1923 und zwangsläufig etliche Male renoviert. Ich mag die gutbürgerliche Küche, die man bei sommerlichen Temperaturen mit direktem Blick auf die Sieg genießen kann.

Ein (kurzes) Vergnügen ist die dreiminütige Überfahrt mit der Siegfähre, einer Gierponte, die den Druck des anströmenden Wassers der Sieg nutzt. Im 18. und 19. Jahrhundert wurde sie von den Bergheimer Fischern bedient, heute übernimmt dies ein Fährmann. Sie ist eine der ältesten Einmannfähren Deutschlands, die zudem Fahrräder transportiert. Sie setzt bei Bedarf über; wer der Meinung ist, zu lange warten müssen, kann den Fährmann mit einer Glocke rufen.

Schöne Radtour: Mit der Fähre von Mondorf nach Bonn übersetzen, am Rhein gen Süden fahren, mit der Mehlemer Fähre erneut den Fluss queren und am Ufer zurück nach Mondorf fahren (30 Kilometer).

DANKSAGUNG

Während der Recherche- und Schreibphase wurde ich mit Erinnerungen konfrontiert, für die ich sehr dankbar bin. Zuweilen empfand ich den Prozess als Reise in meine Familiengeschichte, die mit dem Mittelrhein eng verwoben ist. Sei es, weil Verwandte an dem Fluss gelebt haben, sei es, weil sie immer wieder hier zu Gast waren. Ihnen möchte ich mein Buch widmen. Zuerst sei meine Mutter erwähnt, der ich unendlich viel verdanke, die sich so unglaublich über dieses Buch freuen würde und die viel zu früh aus ihrem – meinem, unserem – Leben gerissen wurde.

Genauso dankbar bin ich meinem Vater, der an der Entstehung regen Anteil genommen hat und der mir, seit ich denken kann, Anekdoten über den Rhein erzählt. Auch meine Großeltern, die zum Teil rheinischer Herkunft waren, würden sich über dieses Buch sehr freuen und sollen ausdrücklich geehrt werden.

Und natürlich dürfen – last but not least – auch meine Förderer Werner T. (†), Helmut H. (†) und Frau Grosse (†) in dieser Aufzählung nicht fehlen.

Dankbar bin ich außerdem für die vielfältige Unterstützung durch Privatpersonen, Institutionen und Organisationen. Das Vertrauen in mich und die positive Resonanz auf meine bisherige Arbeit bestärken mich in der Ansicht, das Richtige zu tun. An dieser Stelle möchte ich niemanden persönlich nennen. Mein Dank gilt allen Menschen, die – auf welche Art auch immer – zum Gelingen dieses Buches beigetragen haben.

Meiner Lektorin Katja Ernst danke ich für die vertrauensvolle Zusammenarbeit, für ihr Verständnis und ihre Geduld und überhaupt allen Verlagsmitarbeiterinnen und -mitarbeitern dafür, dass sie sich (auch langfristig) für den Erfolg meines Buches einsetzen. Darüber freue ich mich!

Es würde mir gefallen, wenn meine Begeisterung für die Region und die Freude, die ich beim Schreiben dieses Buches hatte, beim Lesen zu spüren wären.

Anke D. Müller

BILDNACHWEIS

Sofern nicht im Folgenden gelistet, stammen alle Bilder von Anke D. Müller: Von Faltboot – Eigenes Werk, gemeinfrei (https://commons.wikimedia.org/w/index.php?curid=7704111) 16; Von Matthias W. Kamp – Eigenes Werk, CC BY-SA 3.0 (https://commons.wikimedia.org/w/index.php?curid=40097497) 72; Harald Pohl/Pro Konstantin e. V. 78; Gerlinde Blaese 94; Brombeerschenke 110; Walter Brück/Vulkan-Expreß 112; © Kristall Rheinpark-Therme Bad Hönningen 116; Tourismus Siebengebirge GmbH, Kulturstadt Unkel am Rhein 130; Peter Oszvald © Kunst- und Ausstellungshalle der Bundesrepublik Deutschland GmbH 160; MAUEL 1883 GmbH 164; Axel Thünker, Haus der Geschichte, Bonn 168; © Architektur-Bildarchiv / Thomas Robbin 170; Von Wolkenkratzer – Eigenes Werk, CC BY-SA 4.0 (https://commons.wikimedia.org/w/index.php?curid=49398537) (bearbeitet) 176

KRIMIS AUS DER REGION

Brennero,
Mordsakten
978-3-8392-2025-2

Keller,
Stirb, Romeo!
978-3-8392-1979-9

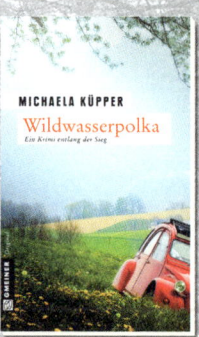
Küpper,
Wildwasserpolka
978-3-8392-1431-2

Schulte,
Mörderisches Bonn
978-3-8392-2065-8

Thiel,
Deutscher Frühling
978-3-8392-2426-7

Thiesmeyer,
Bonner Verrat
978-3-8392-2531-8

WWW.GMEINER-VERLAG.DE
Wir machen's spanner